LES

TIMBRES-POSTE RURAUX

DE RUSSIE

LES
TIMBRES-POSTE RURAUX
DE RUSSIE

NOMENCLATURE GÉNÉRALE

DE

TOUS LES TIMBRES CONNUS JUSQU'À CE JOUR

AVEC LEURS PRIX DE VENTE.

PRÉCÉDÉ D'UNE INTRODUCTION
SUR L'HISTOIRE DES POSTES RURALES, AVEC NOTES
GÉOGRAPHIQUES ET HISTORIQUES.

PAR

SAMUEL KOPROWSKI

ILLUSTRÉ DE 130 GRAVURES

Bruxelles

J.-B. MOENS, LIBRAIRE-ÉDITEUR

7, GALERIE BORTIER, 7

1875

INTRODUCTION

L'établissement des postes rurales en Russie est de date toute récente. Ce n'est que vers le commencement de 1865 qu'une poste rurale fut instituée à Vétlouga, dans le gouvernement de Kostroma. On ne lui connaît pas de timbre. La même année (septembre 1865) parut le premier timbre-poste rural : c'est celui de Schlüsselbourg, gouvernement de Saint-Pétersbourg ; en 1866, nous avons celui de Werchnie-Dnieprowsk, gouvernement d'Ekaterinoslaw ; en 1867 celui de Koziéletz, gouvernement de Tchernigoff ; en 1868, les Demiansk (Novgorod) et Piriatin (Poltava). A partir de 1869 commence ce défilé de timbres dont nous ne saurions prévoir la fin, attendu que l'Empire russe compte 91 gouvernements et 762 districts. En ce moment, nous ne connaissons encore que les timbres de 84 districts, appartenant à 28 gouvernements.

La singularité des dessins de ces timbres, l'imprévu

de leur découverte, leur rareté à l'origine, la difficulté
de les obtenir à cette même époque, devaient faire
révoquer en doute leur existence. Les postes locales
américaines, les offices de Hambourg et ceux, trop bien
connus des amateurs, d'un certain nombre d'autres
pays, avaient causé trop de déceptions pour que le
souvenir en fût effacé. Aussi ne doit-on pas être étonné
des doutes qui ont accueilli leur première apparition.

Pour que nos lecteurs étrangers puissent bien comprendre la place que doivent occuper les timbres ruraux
de Russie dans l'ordre hiérarchique des autres timbres, et les rapports qu'ils ont avec les timbres du
gouvernement, il nous faut tout d'abord faire connaître ce qui donna lieu à l'institution des postes
rurales.

En 1864, l'empereur Alexandre II, par un ukase en
date du 1er janvier, appela la nation à prendre part à
l'administration des affaires locales, telles que voies
publiques, instruction primaire, industrie, construction d'édifices publics, santé publique, hôpitaux, règle-
ments d'impôts ruraux, etc.

Pour remplir ce but, les députés des différentes
classes : noblesse, bourgeoisie, paysans élus par suf-
frage entre les habitants des districts, furent appelés à
se réunir une fois par an dans les chefs-lieux de district,
au mois de septembre, pour débattre les questions
relatives à l'administration locale. Cette sorte de petit
parlement local reçut le nom d'assemblée rurale,
ЗЕМСКОЕ СОБРАНИЕ (*ziemskoye sobraniye*) avec un pouvoir législatif. A côté, siégent les membres salariés de
l'administration rurale ЗЕМСКАЯ УПРАВА (*ziemskaya
ouprava*), qui se recrutent parmi les députés de
l'assemblée. Cette administration rurale est une sorte

de magistrature constante, qui a pour fonction de veil-
ler à l'exécution des décisions de l'assemblée ; c'est donc
une sorte de pouvoir exécutif. Les membres de l'assemblée, ainsi que de l'administration, ont un mandat pour
trois années seulement. Le président de l'assemblée est
en même temps maréchal de la noblesse du district.

Si les assemblées, dans leurs débats, dépassent les
limites prescrites par le gouvernement, le gouverneur
de la province, sorte de préfet, a droit de faire cesser
les débats et de suspendre l'assemblée. Les administrations gouvernementales forment une instance plus
haute, propre à recevoir les plaintes contre les administrations de district. Cette nouvelle institution porte
la dénomination générale de ЗЕМСТВО ($\chi iemstwo$), mot
assez difficile à traduire dans une autre langue et que
l'on ne peut comprendre qu'en comparant ces assemblées aux conseils généraux des départements et aux
commissions instituées près d'eux, en France, par la
loi de 1872.

Notons que la Pologne, la Lithuanie, les gouvernements du Sud-Ouest (Volhynie, Kiovie, Podolie), la
Sibérie, le Caucase, les gouvernements trop peu peu-
plés comme Astrakan et Archangielsk, ne jouissent
pas de l'avantage de posséder de Ziemstwo. Ce dernier
gouvernement, par exemple, ne possède sur une étendue de 16,025 lieues carrées, que 285,000 habitants.

La position géographique du pays a beaucoup
contribué à l'institution des postes rurales, un grand
nombre de villages étant parfois éloignés de la poste
voisine de plus de 150 kilomètres. On comprendra
donc sans peine que les nouvelles institutions rurales,
munies des pouvoirs accordés par l'ukase impérial,
fixèrent tout d'abord leur attention sur la question des

communications postales, question qui devient de jour en jour plus importante, depuis le développement intellectuel de la Russie. En effet, jusqu'en 1861, époque de la libération des serfs, il n'y avait sur les vingt-deux millions de paysans que compte la Russie, qu'un très-petit nombre sachant lire et écrire. Mais depuis cette époque, la civilisation a fait des progrès très-marquants (1). Ainsi, dans le district de Nowaïa-Ladoga, la poste rurale sert particulièrement aux besoins de la correspondance des paysans.

L'attention de l'autorité supérieure fut attirée, en décembre 1869, par la création d'une poste rurale ordonnée par le gouvernement de Woronèje. Cette création, contraire aux lois, ne pouvait subsister ; le gouvernement de Woronèje fut donc obligé d'y renoncer. Mais l'éveil était donné : on reconnut la nécessité d'une réforme postale. Le gouvernement impérial prit donc la résolution d'autoriser les divers gouvernements de créer des postes rurales, à certaines conditions que nous fait connaître le décret du 3 septembre 1870, dont voici la teneur :

Vu les moyens restreints octroyés à l'administration des postes et qui deviennent insuffisants pour assurer à tous les habitants de l'Empire leur correspondance particulière, principalement dans les localités qui, par leur position géographique, sont ou presque totalement privées de communication postale ou bien se trouvent à une grande distance des bureaux organisés de la poste ; en vue de faciliter aux habitants de ces contrées la possibilité d'échanger leur correspondance d'une manière plus commode et moins coûteuse surtout ; m'appuyant sur les lois du

(1) D'après les plus récentes données statistiques, il existe maintenant en Russie 35,000 écoles primaires, comptant plus d'un million d'élèves, la plupart paysans.

Sénat en date du 27 août de cette année, j'autorise l'établissement d'une poste locale particulière dans les localités où besoin sera, aux conditions suivantes :

1º La poste locale est autorisée :

a. A transmettre de l'endroit postal la correspondance ordinaire, ainsi que les journaux et annonces, envois d'argent, lettres chargées et diverses expéditions dans toutes les parties plus ou moins éloignées du district.

b. Pour la transmission de diverses correspondances du district dans les bureaux de poste les plus rapprochés.

c. Et pour la transmission des diverses correspondances entre les endroits du district privés de communications postales.

2' Cette poste locale est responsable de la régularité de la transmission des correspondances reçues par elle, de la part des établissements postaux impériaux, et dans le cas où une lettre recommandée serait égarée, les établissements de cette poste privée se chargent, sur l'ordre du département des postes de l'administration impériale, de rembourser l'expéditeur dans la mesure de dix roubles.

3º Le transport de la correspondance locale n'est autorisé que par les chemins de traverse, entre la ville et les villages.

4º La poste locale n'est autorisée à avoir ses timbres particuliers qu'à la condition expresse que leur dessin diffère totalement des timbres employés dans l'Empire.

5º Les facteurs ruraux de la poste locale peuvent avoir sur leur sac l'armoirie du gouvernement ou du district, mais sans le cor postal

Faisant part à Votre Excellence des dispostions prises, j'ai l'honneur de vous prier de transmettre dans les divers bureaux les ordonnances de l'organisation de la poste locale, engageant les tribunaux de la province à contribuer de leur côté à l'organisation de la poste locale, afin d'assurer aux habitants du district le libre échange de leur correspondance.

Le Gouverneur du Ministère de l'Intérieur,
(Signé) Prince LABANOFF ROSTOVSKY.
Le Directeur,
(Signé) Baron VELIO.

Ce décret est le véritable acte de naissance des tim-

bres ruraux. Aussi leur existence ne fait-elle plus de
doute pour la majorité des collectionneurs. Mais si
l'existence des timbres russes est incontestable, il n'en
est pas moins resté difficile de se les procurer. Cela
tient à trois causes :

1° Les administrations rurales n'ayant qu'un pouvoir
exécutif, limité par les décisions des assemblées, ne se
croient pas souvent en droit de pouvoir délivrer leurs
timbres, en répondant aux demandes qui leur sont faites
par des correspondants habitant hors du district. Cette
autorisation, qu'elles croient leur être nécessaire, ne
peut leur être accordée que par l'assemblée ne se
réunissant, comme on l'a vu plus haut, qu'une seule fois
par an, et des questions plus graves étant souvent à
l'ordre du jour et le temps fort limité, il arrive que la
solution d'une demande peut se faire attendre des
années.

2° La création des postes rurales, une fois autorisée
par le gouvernement impérial, il dépend complétement
de la décision des assemblées rurales des districts de
créer ou abolir des postes. On chercherait donc en
vain la trace de leur existence dans les administrations
centrales de l'Empire, voire même auprès des administrations rurales des gouvernements. La découverte
d'un timbre est donc purement accidentelle, même
pour ceux qui, comme nous, se sont voués tout particulièrement à leur recherche. Il arrive parfois qu'après
avoir écrit à *chaque* administration de district et avoir
reçu une réponse négative concernant l'existence des
timbres, qu'une émission paraisse ensuite, laquelle est
parfois supprimée, lorsque vous en avez connaissance.
De là des raretés dont beaucoup d'amateurs doivent
faire leur deuil aujourd'hui. Telles sont, par exemple :

Atkarsk, Melitopol. Pawlograd, Cherson, premières émissions; Borovitchi, première et deuxième émission; Soumy, 1, 2, 3 kop.; Schadrinsk, 5 k. bleu; Riazan, forme losange; Elizavetgrad, 5 k. carmin, et une infinité d'autres. Notons en passant que le changement d'un type, d'impression ou du papier, ne dépendent parfois que de la volonté ou du caprice de l'imprimeur, comme à Dnieprowsk. Nolinsk, Malmyche, Schatzk, Schadrinsk, etc.

3° Il est des administrations rurales, trop nombreuses malheureusement, qui refusent vertement de débiter leurs timbres : Alatyr, Kazan, Louga, Ochansk, Saratoff, sont de ce nombre ; d'autres administrations, plus complaisantes, consentent à vous remettre seulement quelques exemplaires de leurs timbres, comme Jeletz, Fatèje, Toula, Toropetz, etc.

Telles sont les causes principales de la rareté des timbres russes.

L'institution de la poste locale n'est pas obligatoire dans tout l'Empire. Il est encore beaucoup de districts qui renoncent à fonder chez eux une poste. Leur nombre diminue cependant chaque jour et nous pouvons nous attendre à l'émission de nombreux types.

La création d'une poste locale n'a pas toujours pour conséquence l'émission de timbres. Il existe quantité de districts qui jouissent des bienfaits d'une poste, sans avoir des timbres. Tels sont les districts de Biriutch, Nijniedie'witzk, Ostrogojsk, Pawlowsk (gouvernement de Woronèje). Kaliazin (Twer), Welsk, Nikolsk (Wologda), Zmief (Charkoff), Laïchew, Mamadych. Tzarewokokchaysk, Swiajsk (Kazan), Pronsk, Ranenbourg (Riazan), Orel, Troubtchewsk (Orel), Slawianoserbsk (Ekaterinoslaw) et beaucoup d'autres.

Il est aussi des districts qui ont institué une poste locale et émis des timbres, mais qui ont supprimé l'un et l'autre à cause de la nullité des besoins de la correspondance. Exemple : Piriatin (Poltava), qui n'a été desservi que pendant l'année 1868 ; Schlüsselbourg et Syzran.

Remarquons que les timbres ruraux sont émis exclusivement pour l'usage des habitants des villages et portent généralement le nom et les armoiries du district et non celui des villes. Il n'est pas rare de voir figurer sur une lettre un timbre rural et un timbre de l'Empire. Le premier sert à affranchir jusqu'au bureau de poste gouvernemental le plus proche ; le second jusqu'à destination. On trouve parfois aussi à côté des timbres de l'Empire des timbres-taxe ruraux. Ceux ci s'appliquent par les soins des bureaux de poste ruraux sur les lettres reçues de la poste gouvernementale : Ils indiquent au destinataire le port qu'il a à payer au facteur. Nous pouvons cependant fournir des exceptions : Fatéje emploie l'enveloppe 4 kop. pour la correspondance de la ville et Yegoriewsk son timbre noir de 3 kop. pour le même usage (1).

Comme l'a fait observer très judicieusement l'auteur de l'article : « A propos des timbres locaux de Russie », inséré dans le n° 147 du *Timbre-Poste*, il existe en Russie quatre genres de timbres locaux :

1° Timbres émis *par le gouvernement* pour la correspondance dans certaines villes. — Saint-Pétersbourg, Varsovie.

2° Timbres émis *par le gouvernement* pour la cor-

(1) Au moment où nous mettons sous presse, nous apprenons que le timbre noir n'est qu'un *timbre-taxe*.

respondance de certaines provinces. — Pologne, Livonie, Levant.

3º Timbres émis avec la sanction du gouvernement *par des compagnies privées.* — Compagnie russe de navigation, de commerce et du chemin de fer d'Odessa.

4º Timbres émis avec la sanction du gouvernement *par des administrations* (ouprawy) *rurales.*

Ces derniers timbres, ceux dont nous nous occupons, peuvent donc être considérés comme timbres semi-officiels et ne doivent nullement être confondus avec les timbres de Drontheim, Bergen, Drammen, Maderanerthal, Belalp, etc., qui sont émis par des particuliers ou des compagnies privées.

*
* *

Nous avons peu de chose à dire de l'oblitération des timbres ruraux qui ne se rencontrent guère ainsi. La plupart sont annulés d'un trait de plume. Nous avons cependant des timbres de Woltchansk et Soumy, oblitérés à l'instar des timbres des États-Unis, avec une griffe en forme de croix. Les timbres de Douchowchtchina sont mis hors d'usage par une inscription manuscrite au milieu du timbre, qui indique la date de son emploi. Une lettre de Gdoff nous est arrivée récemment portant sur les timbres la signature : « Inspecteur de police du premier arrondissement du district de Gdoff. »

Si l'oblitération se rencontre rarement sur les timbres russes, leur authenticité, suffisamment démontrée aujourd'hui, est *incontestable dans leur ensemble et dans tous les détails*, la contrefaçon n'ayant été exploitée jusqu'à présent par aucun faussaire.

*
* *

Une raison capitale doit décider l'amateur à se livrer

à l'étude des timbres ruraux de Russie. La collection des timbres n'a pas seulement pour objet la poursuite de dessins variés de forme et de couleur : autant vaudrait réunir des images de bobines. Elle doit engager l'amateur à se livrer à des recherches scientifiques.

Au point de vue artistique, on peut faire d'intéressantes remarques sur le développement du goût artistique en Russie et des moyens techniques usités dans certaines provinces ; les timbres russes, à quelques exceptions près, étant tous des produits indigènes. La plupart représentent les armoiries des districts; sur quelques-uns on s'est borné à mettre le chiffre de la valeur et une inscription indiquant le nom du district auquel le timbre appartient; d'autres timbres présentent les noms des districts sous forme de rébus : Krapvina (krapiva-ortie), Woltchansk (wolk-loup), Schlüsselbourg (clef, en allemand schlüssel, cette ville étant de provenance allemande) ; enfin, des timbres représentent des emblèmes ayant rapport à la nature du pays et aux occupations de ses habitants. Cherson, district agricole par excellence, place sur son premier timbre les emblèmes de l'agriculture ; Charkof, fertile et commercial, une corne d'abondance et un caducée; les timbres des districts du gouvernement de Tamboff, Borisogliebsk, Schatzk et Tamboff (pays du miel et de la farine), représentent des ruches d'abeilles et des sacs de farine; Schadrinsk, pays des renards polaires, zibelines, hermines, etc., reproduit un animal qu'on peut prendre aisément pour chacune de ces différentes espèces; Berdiansk, situé dans une contrée fertile, dont les bords sont arrosés par la mer d'Azof, réunit sur ses timbres ancre et charrue.

La légende des timbres n'est pas moins intéressante que leurs dessins. L'amateur, vraiment digne de ce nom, doit absolument s'attacher à pouvoir lire les inscriptions en caractères russes qui s'y trouvent. Pour la plupart des jeunes gens qui ont étudié le grec dans les classes du collége, il est facile de trouver un grand nombre de lettres communes aux deux langues; mais il en est aussi de tout à fait différentes qui nécessitent un apprentissage général. Pour eux, comme pour ceux qui ne connaissent pas l'alphabet grec, l'appendice suivant permettra de déchiffrer, nous pourrions dire épeler sinon la légende et de reconnaître de suite à quel district le timbre appartient.

Si nos efforts leur permettent d'obtenir ce résultat, et si nous sommes parvenu à éclaircir plus d'un point resté obscur jusqu'à présent, nous trouverons la ré-compense de notre travail dans la satisfaction de nos lecteurs.

SAMUEL KOPROWSKI.

Juin 1875.

APPENDICE

Les mots russes portés sur les timbres sont des noms de districts qui font usage desdits timbres, ou des termes exprimant l'usage postal ou faisant connaitre l'administration ou la division territoriale qui les emploie. On doit y joindre quelques nombres cardinaux suivis de l'énoncé de la monnaie ou du poids. La connaissance des caractères russes étant indispensable, nous commencerons par donner ici l'alphabet.

L'alphabet russe actuellement en usage se compose de 36 lettres. Il est emprunté de celui du slavon ecclésiastique qui contient en plus 8 lettres. Voici les divers types de ces 36 lettres que l'on rencontre sur les timbres avec leur valeur soit propre, soit accidentelle :

TYPES.	VALEUR.	
	Son propre.	Son accidentel.
A a	a,	é, ô.
Б б	b.	p.
B в	v,	f.
Г г	g, gh,	k, h aspirée.
Д д	d,	t.
E e	ié, é,	io, o.
Ж	j, ge,	ch.
З	z,	s.

**

TYPES.	VALEUR.	
	Son propre.	Son accidentel.
И и	i,	jj allemand.
I i	i.	
К к	k,	gh,
Л л	l,	ll.
М м	m.	
Н н	n.	
О о	o,	a.
П п	p.	
Р р	r,	rh.
С с	s, c, ç,	z.
Т т *m*	t, th,	d.
У у	ou.	
Ф ф	f,	ph.
Х х	kh,	ch allemand.
Ц ц	ts,	z allemand.
Ч ч	tch,	ch.
Ш ш	ch.	
Щ щ	chtch,	ch.
Ъ ъ	e muet (*).	
Ы ы	i sourd	ou, i.
Ь ь	i muet (**).	
Ѣ *ѣ*	ié, é,	io.
Э э	é.	
Ю ю	iou,	u, u.
Я я	ia,	ié, é.
Ѳ ѳ	f.	
Ѵ ѵ	i, y.	
Й й	i muet	

(*) C'est un signe plutôt qu'une lettre qui fait prononcer dur la lettre qui la précède.

(**) Même signe qui rend douce la lettre précédente.

En outre des types ci-dessus, on rencontre sur quelques timbres, notamment sur celui de Tscherepowetz, des caractères dits *paléoslaves* et qui sont aux caractères ordinaires, ce que sont pour l'alphabet romain les caractères gothiques. Sur le timbre de Rostoff, le nom est écrit en ronde. Vu leur petit nombre, nous passerons les premiers sous silence. Avec un peu d'étude, il est facile de retrouver sur les seconds les lettres que ces caractères expriment.

Nous ne donnerons pas ici la liste de tous les noms géographiques portés sur les timbres, mais nous devons faire connaitre à quel état ils se trouvent. Le plus souvent, ils sont à celui d'adjectifs possessifs et alors ils s'accordent en genre et en cas avec le sujet, qui est le plus souvent ПОЧТА (potchta), du féminin, sans préjudice des autres adjectifs qui peuvent les accompagner. Il importe donc de connaitre le nominatif et le génitif qui sont les cas les plus employés. Pour le masculin, les noms terminés au nominatif en ОЙ et ЫЙ le sont au génitif en ЯГО et АГО. Au féminin, le nominatif АЯ a pour génitif ОЙ; et au neutre, les nominatifs ЕЕ et ОЕ font au génitif ЯГО et АГО. Il ressort de ce qui précède, que sur les timbres russes on emploie une locution qui répond à *Poste parisienne* et non à *Poste de Paris*. La connaissance de ce fait facilitera singulièrement nos lecteurs dans leur étude.

Les autres mots que l'on rencontre dans la légende des timbres russes sont en petit nombre. Ils s'y trouvent soit en entier, soit en abréviation. Nous ferons connaitre l'un et l'autre mode dans la liste suivante :

МАРКА, марка (marka). Subst. fém. nom. sing. *Timbre.*
МАР., мар. (mar.), м. Abréviations du mot précédent.

ПОЧТА. почта. почта (potchta). Subst. fém. nom. sing. *Poste*.

ПОЧТЫ. почти (*) (potchty), gén. du précédent.

ПОЧТОВАЯ (potchtowaya). Adj. fém. nom. sing., *postale*.

ПОЧТ., ПОЧ., ПО., П. Abréviations des trois mots précédents.

ЗЕМСКАЯ, земская (ziemskaya). Adj. fém. nom. sing., *rurale*.

ЗЕМСКОЙ, земской (ziemskoy), gén. fém. du précédent.

ЗЕМСК., земск., ЗЕМ., зем., З., abréviations des mots précédents.

ЗЕМСТВА (ziemstwa), subst. gén. sing. de ЗЕМСТВО (ziemstwo), *assemblée départementale*.

УПРАВА (ouprava). Subst. fém. nom. sing. *Bureau, intendance, direction, administration*.

УПРАВЫ, управы (oupravy), gén. du précédent.

УПРАВ., УПР., У., abréviations des mots précédents.

УѢЗДА. уѣзда (ouyezda). Subst. masc. sing. génitif de УѢЗДЪ (ouyezd), *district, cercle*.

УѢЗДУ (ouyezdou), datif sing. du précédent.

УѢЗ., У., УѢЗД., abréviations des substantifs précédents et des adjectifs suivants.

УѢЗДНАГО (ouyezdnaho), adj. sing. masc. génitif de УѢЗДНЫЙ (ouyezdnyi), *de district*.

УѢЗДНАЯ, уѣздная (ouyezdnaya), fém. nom. du précédent.

УѢЗДНОЙ, уѣздной (ouyezdnoy), génitif du précédent.

УѢЗДН., уѣздн., abréviations des adjectifs précédents.

СЕЛЬСКАЯ (sielskaya). Adj. fém. sing. nom., *villageoise*, dérivant de СЕЛО (sielo), *village*.

(*) почти est une faute d'orthographe qui ne se rencontre que sur les timbres de Werchnie-Dnieprowsk, première émission.

СЕЛЬСКОЙ, сельской (sielskoy), génitif du précédent.

СЕЛЬСК., СЕЛ., abréviations des mots précédents.

ГУБЕРНІИ (goubernyi), subst. gén. sing. de ГУБЕРНІЯ (goubernya), *gouvernement*.

ГУБ., Г., abréviations des mots précédents.

ПИСЕМЪ (pysieme), subst. gén. plur. de ПИСЬМО (pismo), subst. neutre nominatif, *lettre*.

КОНВЕРТЪ (konverte), subst. sing. nom., *enveloppe*.

КОНВЕРТОВЪ (konvertof), gén. plur. du précédent.

ПАКЕТЪ, пакетъ (pakete), subst. sing. nom., *paquet*.

ПАКЕТОВЪ (paketof), gén. plur. du précédent.

ЧАСТНЫХЪ (tchastnikhe), adject. plur. gén. de ЧАСТНЫЙ (tchastnyi), *privé, particulier*.

ПЕЧАТЬ (petchat'), subst. nom. sing., *sceau, cachet*.

ЦѢНА, цѣна (tziéna), subst. nom. sing., *prix, valeur*.

Ц., abréviation du précédent.

КОПѢЙКИ (kopieyki), nom. plur., de КОПѢЙКА (kopieyka), subst., *kopeck*.

КОП. СЕР., abréviation de КОПѢЙКИ СЕРЕБРОМЪ (kopieyki serebrom), *kopeck d'argent*.

КОП., К. К., КОП. С., К. С., abréviations des mots précédents.

ЛОТЪ (loth), subst., *demi-once*. Pluriel ЛОТА (lota).

НЕОПЛАЧЕНО (niéoplatcheno), adj. neut. sing. nom., *impayé*.

ГОДА, *года* (Goda), gén. sing. de ГОДЪ (gode), *année*.

МѢСЯЦА, мѣсяца (myesyatza), subst. sing. nom., *mois*.

ДНЯ (dnia), subst. gén. sing., *jour* ДЕНЬ.

ПРІЕМЩИКЪ, пріемщикъ (pryemchtschike), subst. sing. nom., *receveur*.

ДЛЯ (dlia), prépos. *pour* (avec le génitif).

ЗА (za), prép. *pour* (avec l'accusatif).

ПО (po), prép. *jusqu'à* (avec le datif), *sur, par*.

Pour la facilité de nos lecteurs, nous avons répété les mots où la même lettre se présente sous deux types un peu différents. Les amateurs peu au courant des lettres russes nous sauront gré de leur avoir donné cette facilité.

Terminons cet appendice par la reproduction des dix premiers nombres cardinaux, dont quelques-uns sont énoncés en toutes lettres sur les timbres.

1. **ОДИНЪ** (odine), **ОДНО** (odno) neut., **ОДНА** (odna), fém.
2. **ДВА** (dwa), **ДВѢ** (dvié), fém.
3. **ТРИ** (tri).
4. **ЧЕТЫРЕ** (tschetyre).
5. **ПЯТЬ** (piat').
6. **ШЕСТЬ** (chest').
7. **СЕМЬ** (siem').
8. **ВОСЕМЬ** (vosiem').
9. **ДЕВЯТЬ** (deviat').
10. **ДЕСЯТЬ** (desiat').

Monnaie.

Le kopeck vaut 4 centimes.

Il y a 100 kopecks dans un rouble

Notes explicatives.

Les notes géographiques et historiques précédant l'énumération des timbres de chaque poste, s'appliquent au *chef-lieu* du district.

Après le nom de chaque poste est indiqué, entre parenthèses, le nom du gouvernement auquel cette poste appartient.

L'abréviation D. veut dire : Désignation (du timbre).

—	L.	—	Légende (*).
—	PR.	—	Prononciation (russe).
—	S.	—	Signification (française).
—	C. sur B.	—	Imprimé en couleur sur papier blanc.
—	N. sur C.	—	Imprimé en noir sur pap. couleur.
—	lithogr.	—	Que le timbre est imprimé lithographiquement.
—	typogr.	—	Que le timbre est imprimé typographiquement.
—	piqué	—	Que le timbre est séparé par des trous disposés suivant les interstices verticaux et horizontaux.
—	percé	—	Que la séparation du timbre est faite par un simple écartement dans la trame du papier sans perte de substance.

L'énonciation de la valeur des timbres est précédée et suivie d'un chiffre. Le premier sert à spécifier le timbre qu'on désirerait acquérir; le second en indique le prix.

Tous les timbres sont neufs, garantis authentiques et mis en vente chez

J.-B. MOENS, Galerie Bortier, 7, Bruxelles.

Adresser les lettres rue de Florence, 42 (Avenue Louise), Bruxelles.

(*) Nous avons cru nécessaire de la donner en présence des fautes d'orthographe que portent beaucoup de FAC SIMILE.

TIMBRES-POSTE RURAUX

DE RUSSIE

ACHTYRKA

(CHARKOFF)

Chef-lieu du district du même nom ; place fortifiée.

Émission de 1872.

D. Armoiries dans un double ovale portant inscription; en dessous, la valeur en toutes lettres ; dans les angles, la répétition en chiffres. C. sur B., lithogr. Feuilles de 40 timbres sur 8 rangées verticales.

L : АХТЫРСК. УѢЗДНОЙ ЗЕМСКОЙ ПОЧТЫ — ПЯТЬ КОП.
PR : Achtyrsk (oy) ouyezdnoy ziemskoy potchty — piat' kop (ieyek).
S : *De la poste rurale du district d'Achtyrk — cinq kopecks.*

400	5 kop.	vert	0.75
401	5 —	vert pâle	0.75

TIMBRE-TAXE.

Émission de 1872.

D. Type semblable au timbre de la même émission. C. sur B., lithogr.

L. etc. Voir plus haut.

| 501 | 5 kop. | bleu | 0.75 |
| 500 | 5 — | bleu pâle | 0.75 |

A L A T Y R

(SIMBIRSK)

Sur la Soura, ville de district.

Émission de (?).

D. Inscription avec valeur au centre, dans un cadre oblong composé de clichés typographiques, N. sur B. épais, jaunâtre, typogr.

L : АЛАТЫРСКАЯ ЗЕМСКАЯ ПОЧТА. 1 к.
PR : Alatyrskaya ziemskaya Potchta. 1 k. (opieyka).
S : *Poste rurale d'Alatyr. 1 kopeck.*

| 600 | 1 kop. | 1 kop., | noir. |
| 601 | 2 — | 2 — | „ |

ALEKSANDRIA

(CHERSON)

Ville de district du même nom, située sur le fleuve Ingouletz, entourée de forêts impénétrables. 7,300 habitants.

Émission de 1872 (?).

D. Inscription dans un cercle formé de petits clichés; sans

indication de valeur. N sur C., typogr. 40 timbres à la feuille
sur rangée horizontale de 5.

L : АЛЕКСАНДРІЙ. ЗЕМСК. ПОЧТ. МАРКА
— П. З. М.
PR : Aleksandriy (skaya) ziemsk (aya)
Potcht (owaya) Marka. -- P. (otchto-
waya), Z. (iemskaya) M. (arka).
S : *Timbre de la poste rurale d'Alek-
sandria. — Timbre-poste rural.*

700	10 kop.	chamois jaunâtre	1.50
701	10 —	chamois rougeâtre	1.50

Émission de 1874.

D. Inscription dans un double cercle; au centre, la valeur.
C. sur B., lithogr. Feuilles de 36 timbres sur 4 rangées horizontales.

L : * АЛЕКСАНДРІЙСК. УѢЗДА *
ПОЧТОВАЯ ЗЕМСК. МАРКА. — ЦѢНА
10 КОП. СЕР.
PR : Aleksandriysk (aho)
ouyezda Potchtowaya ziemskaya Marka. — Tziena 10 kop.
(ieyek) ser (ebrom).
S : *Timbre-poste rural du district
d'Aleksandria. — Prix 10 kopecks argent.*

702	10 kop.	indigo	2.00
703	10 —	bleu pâle	1.25
704	10 —	bleu	1.25

ARZAMASS

(NIJNIY-NOVGOROD)

Ville de district d'origine tartare. 12,000 habitants. Commerce de toiles. Dans les alentours de cette ville on rencontre une espèce de grande oie connue sous le nom d'oie arzamass.

Émission de 1874 (?)

D. Armoiries dans un ovale avec inscriptions : chiffres sur fond uni dans les angles, C. sur B., lithogr.

L. : АРЗАМАССКАГО УѢЗДА ЗЕМСКАЯ ПОЧТА. 5 к.

PR : Arzamasskaho ouïezda ziemskaya potchta. 5 k (opieyek).

S : *Poste rurale du district d'Arzamass, 5 kopecks.*

Feuilles de cinq rangées verticales de six timbres.

900	5 kop.	indigo.	1.00
901	5 —	bleu foncé	1.00

Les mêmes, sur papier B. mince.

902	5 kop.	indigo	1.00
903	5 —	bleu foncé	1.00

ATKARSK

(SARATOFF)

Chef-lieu de district du même nom. Remarquable par son commerce de
blé. 4,600 habitants.

Émission de... (antérieure à 1871).

D. Armoiries et couronne dans un
grand carré à double filets.
N. sur B., sans aucune inscription ni indication de valeur.

800   noir   (2 kop).

Émission de... (antérieure à 1873).

D. Armoiries dans un rectangle avec inscription, N. sur B. varié; lithogr. Feuilles de
30 timbres sur 6 rangées horizontales.
L : АТКАРСКОЙ ЗЕМСКОЙ ПОЧТЫ ДВѢ КОП.
PR : Atkarskoy ziemskoy Potchty. — Dwié
kop ieyki).
S : *De la poste rurale d'Atkarsk. — Deux
kopecks.*

Papier blanc vergé.

| 801 | 2 kop. | noir gris | 0.75 |
| 802 | 2 — | noir intense | 0.75 |

Papier blanc uni.

| 803 | 2 kop. | noir gris | 1.00 |
| 804 | 2 — | noir intense | 1.00 |

Émission de 1874.

D. Timbre semblable, sauf l'indication de la valeur, N. sur B. uni, lithogr. Feuilles de 30 timbres comme les précédents.

L : Voir plus haut, sauf трп коп. qui indique la valeur (*tri kopieyki*).

S : *De la poste rurale d'Atkarsk. — Trois kopecks.*

805	3 kop.	noir gris	0.75
806	3 —	noir intense	0.75

BERDIANSK

(TAURIDE)

Port situé sur la mer d'Azoff. Ville de district. 12,000 habitants. Contrée fertile dont la population est composée presque exclusivement de laboureurs. C'est sans doute pour ce motif qu'on a représenté sur les armoiries de cette ville des instruments agricoles.

Émission de 1870 (?).

D. Armoiries; en haut, des instruments agricoles sur fond vert ; en dessous, une ancre sur fond bleu ; dans le cadre, une inscription ; la valeur en chiffres aux angles supérieurs et inférieur gauche. N. sur B. glacé, lithogr. 6 rangées verticales de 5 timbres à la feuille.

L : МАРКА ЗЕМСКОЙ ПОЧТЫ БЕРДЯНСКОЙ — 10 коп.

PR : Marka ziemskoy Potchty Berdianskoy — 10 kop (ieyek).

S : *Timbre de la poste rurale de Berdiansk, 10 kopecks.*

1000	10 kop.	vert bleu et bleu	2.00
1001	10 —	vert jaune et bleu	1.50

BIÉJÉTZK

(TVER)

Petite ville du district du même nom, mentionnée par les chroniqueurs dès le XIIe siècle. Ses habitants prirent, de concert avec les Moscovites, les Lithuaniens et les rebelles de Novgorod, une part active aux combats livrés par ceux-ci. Biéjétzk n'est célèbre aujourd'hui que par ses foires. 3,400 habitants.

Émission du 1er juillet 1872.

D. Inscription sur quatre lignes dans un cadre rectangulaire formé de petits clichés. N. sur C, typogr. Feuilles de 420 timbres sur rangée horizontale de 35.

L : МАРКА Б. З. ПОЧТЫ 3 К.

PR. Marka B. (iejetzkoy) Z (iemskoy) Potchty. 3 k (opieyki).

S : *Timbre de la poste rurale de Biéjétzk — 3 kopecks.*

Il existe 20 variétés de ce type, sur 5 rangées horizontales de 4. Elles se distinguent entre elles par la disposition irrégulière des inscriptions ou clichés. Le premier type a la première lettre du mot ПОЧТЫ en majuscule, les autres l'ont en minuscule; le 20e type a la lettre P de МАРКА cassée et simule un O.

1100	3 kop.	vert,	0.60
1101	*les 20 variétés.*		10.00

BIÉLOZERSK

(NOVGOROD)

Une des plus anciennes villes de l'Empire. Sinéus, frère de Riurik, fondateur de la dynastie des tzars et de l'empire russe, régnait déjà souverainement à Biélozersk (862-879). Aujourd'hui c'est une petite ville peu remarquable. Elle est située sur le lac Biélo-Oziéro (lac blanc), riche en poissons. Biélozersk rappelle sa richesse sur ses armoiries, par deux poissons posés en sautoir.

Émission de 1870.

D. Inscription sur 4 lignes avec valeur en chiffres aux 4 angles; le fond du timbre est burelé bistre brun. N. sur B. typogr.

L : БѢЛОЗЕРСКАЯ СЕЛЬСКАЯ ПОЧТА ЦѢНА 2 КОП.
PR : Bielozierskaya sielskaya potchta tziéna
    2 kop (ieyki).
S : *Poste villageoise de Biélozersk. Prix*
    2 kopecks.

1200 2 kop. noir, burelé bistre brun 1.25

Emission de 1871.

D. Armoiries dans un cadre rectangulaire avec
    valeur en chiffres dans les angles; autour,
    une inscription. N. sur B., lithogr.
L : БѢЛОЗЕРСК СЕЛЬСК ЗЕМСКАЯ ПОЧТА.
PR : Bielozierskaya sielsk (aya) ziemsk (aya)
    Potchta.
S : *Poste rurale villageoise de Biélozersk. 3.*

NOTA. Cette traduction pouvant paraître illogique, nous dirons que *ziemskaya*, du mot *zemlia* (terre), veut dire terrestre qui a été traduit généralement par rural. *Sielskaya* (villageoise) provient du mot *sielo* (village).

Les feuilles de timbres présentent un certain nombre d'exemplaires renversés par rapport à leurs voisins.

1201	3 kop.	noir gris	1.50
1202	3 —	noir intense.	1.50
1203	3 —	(*renversé*)	3.25

Émission de 1872.

Un nouveau report du type 1871 ne reproduit plus les timbres renversés. L'impression est sur papier blanc très-épais. 120 timbres à la feuille. N. sur B., lithogr.

| 1204 | 3 kop. | noir gris | 0.75 |
| 1205 | 3 — | noir intense. | 0.75 |

Émission de 1874.

Le type de 1871 a été reporté une troisième fois. Il donne 6 rangées horizontales de 13 timbres et 2 verticales de 10. On peut donc avoir des timbres placés horizontalement et verticalement qui se tiennent. 98 timbres à la feuille. N. sur papier C. varié ; lithogr.

Papier quadrillé rose.

| 1206 | 3 kop. | noir gris | 1.50 |
| 1207 | 3 — | (*couché horizontalement*) | |

Papier vergé rose pâle.

1208	3 kop.	noir gris	0.75
1209	3 —	noir intense	0.75
1210	3 —	(*couché horizontalement*)	2.00

BOGORODSK

(MOSCOU)

Ville de district du même nom, remarquable par les manufactures de
percales, soieries, toile, etc. La presque totalité de cette ville et du
district est ouvrière. On évalue à 80 le nombre de fabriques et à 57 les
manufactures.

Émission de 1869 (?).

D. Armoiries, Saint-Georges à cheval, tourné à *droite* et terrassant un dragon, dans un double ovale portant inscrip-

tion en couleur; en dessous, dans les angles
la valeur en chiffres. C. sur B., bordure festonnée, lithogr.

L : СЕЛЬСКАЯ ПОЧТА БОГОРОДСКАГО УѢЗДА. 5 К.
PR : Sielskaya Potchta Bogorodskaho ouyezda 5 k (opieyek).
S : *Poste villageoise du district de Bogorodsk.
5 kopecks.*

Nota. Saint-Georges terrassant le dragon est le blason primitif de
l'Empire russe. Il a été changé en 1495 par le czar Iwan III, qui adopta
l'aigle byzantin avec Saint-Georges en écu sur la poitrine de l'aigle.

Pour les journaux se composant d'une feuille.

1300	1 kop.	rouge.

Pour les lettres simples.

1301	5 kop.	bleu.

Pour lettres chargées.

1302	10 kop.	bleu (?)

Émission de 1871 (?).

D. Armoiries, Saint-Georges à cheval,
tourné à *gauche* et terrassant le dragon,
dans un double ovale avec inscription en
lettres *blanches;* un chiffre-valeur sur
fond couleur et dans un petit cercle, occupe chaque angle. C. sur B., légèrement
azuré; lithogr. 10 timbres à la feuille
sur 2 rangées horizontales.

L., PR. et S : *Voir plus haut.*

Pour lettres simples, en remplacement du timbre précédent.

| 1303 | 5 kop. | bleu pâle | 1.00 |
| 1304 | 5 — | bleu | 1.00 |

Émission de 1872.

D. Mêmes armoiries, type 1871 refait. L'ovale est plus large d'un millimètre; Saint-Georges est de plus grande dimension, le dessin en est moins soigné. C. sur B., lithogr.

L., PR. et S : *Voir type 1869.*

Pour journaux d'une feuille.

| 1305 | 1 kop. | rouge violacé | | 0.50 |
| 1306 | 1 — | — | — vif | 0.50 |

Émission de 1873.

D. Mêmes armoiries que les précédents. Le dessin, refait, est celui des types de 1871 et 1872. Saint-Georges est tourné à gauche; le cheval a l'air plus pacifique; la queue du dragon se prolonge à peu près jusqu'à l'ovale. Le timbre a en hauteur 28 millimètres au lieu de 29. Dessin plus soigné que le type 1872. C. sur B., lithogr. Le 1 kop. a 40 timbres à la feuille sur 5 rangées horizontales.

L., PR. et S : *Voir type 1869.*

Pour journaux d'une feuille.

| 1307 | 1 kop. | rouge groseille vif. | | 0.20 |
| 1308 | 1 — | — | — pâle. | 0.20 |

Pour lettres simples.

1309	5 kop.	bleu terne pâle.		0.75
1310	5 —	—	vif.	0.75
1311	5 —	indigo.		0.75

Pour lettres chargées.

| 1312 | 10 kop. | bleu verdâtre pâle | 1.25 |
| 1313 | 10 — | bleu verdâtre. | 1.25 |

BANDES POUR IMPRIMÉS.

Émission de 1869 (?).

D. Type semblable aux timbres de 1869, imprimés sur bandes de 3 centimètres environ de large, sur une longueur irrégulière variant de 38 à 50 centimètres. Le timbre qui est gommé occupe une extrémité de la bande. C. sur B. jaunâtre : lithogr.

L., PR. et S : *Voir timbres, type 1869.*

1400	5 kop.	bleu.	0.60
1401	5 —	indigo.	0.60

ENVELOPPES.

Émission de 1871.

D. Semblables au type de timbres 1871, C. sur B., estampille sur la patte de fermeture.

L., PR. et S : *Voir timbres, type 1869.*

Pour lettres administratives.

(Format : 14 sur 11 centimètres, papier vergé obliquement).

1500	5 kop.	bleu	5.00

Pour lettres chargées.

(Format 19 sur 12 1/2 centimètres, papier uni grisâtre).

1501	10 kop.	bleu pâle.	1.50
1502	10 —	bleu.	1 50

Émission de 1872.

D. Semblable pour le type aux timbres de 1869. C. sur B. grisâtre uni ; estampille à la patte de fermeture.

L., PR. et S : *Voir timbres, type 1869.*

Pour lettres simples.

(Format 14 sur 8 1/2 centimètres).

Les pattes supérieure et inférieure se terminent en pointe ; les autres carrément.

1503	5 kop.	bleu.	
1504	5 —	indigo.	

(Format 14 sur 7 1/2 centimètres).

Les pattes sont échancrées et arrondies vers les extrémités sauf celle inférieure qui est cintrée.

1505	5 kop.	bleu.	1.00
1506	5 —	indigo.	1.00

Pour lettres administratives.

(Format 18 1/2 sur 12 centimètres).

Les pattes de côté se terminent presque en pointe.

1507	5 kop.	bleu,	1.00
1508	5 —	indigo.	1.00

(Format 18 1/2 sur 11 1/2 centimètres).

Les pattes de côté se terminent carrément.

1509	5 kop.	bleu.	1.00
1510	5 —	indigo.	1.00

TIMBRES-TAXE.

TIMBRES.

Émission de 1869 (?).

D. C'est le type du timbre 1869. C. sur B., jaunâtre, lithogr. L., PR. et S : *Voir type, timbre 1869.*

Pour lettres ordinaires non affranchies.

1600	5 kop.	rouge.

Pour lettres chargées non affranchies.

1601	10 kop.	rouge.

Émission de 1871.

D. Semblable au timbre de 1871, C. sur B. azuré, lithogr. L., PR. et S : *Voir type 1869.*

Pour lettres chargées non affranchies.

1602	10 kop.	rouge.	1.50
1603	10 —	rouge vif.	1.50

Émission de 1872.

D. Type du timbre de la même émission, C. sur B., lithogr.
L., PR. et S : *Voir type 1869.*

Les feuilles présentent un certain nombre de timbres renversés.

Pour lettres ordinaires non affranchies.

1604	5 kop.	rose pâle lilacé.	1.00
1605	5 —	rose vif lilacé.	1.00
1606	5 —	(*timbre renversé*).	

Émission de 1873.

D. Semblable pour le type aux timbres de la même année.
C. sur B., lithogr.
L., PR. et S : *Voir type, timbres 1869.*

Pour lettres ordinaires non affranchies.

1607	5 kop.	rose.	0.75
1608	5 —	rose pâle.	0.75

Pour lettres chargées non affranchies.

1609	10 kop.	rouge groseille.	1.25
1610	10 —	rouge groseille vif.	1.25

BANDES.

Émission de 1869 (?).

D. Types semblables aux timbres de 1869, imprimés sur
bandes de 3 centimètres environ de largeur sur une longueur
irrégulière de 38 à 50 centimètres. Timbre gommé occupant
une extrémité de la bande. C. sur B., jaunâtre, lithogr.
L., PR. et S : *Voir type 1869.*

Pour imprimés non affranchis.

1700	5 kop.	rouge.	0.60
1701	5 —	rouge vif.	0.60

ENVELOPPES.

Émission de 1871.

D. Type des timbres 1871, C. sur B. grisâtre uni, estampille à la patte de fermeture.

L., PR. et S : *Voir type, timbres 1869.*

Pour lettres chargées non affranchies.

(Format 19 sur 13 centimètres).

| 1800 | 10 kop. | rouge. | 1,50 |
| 1801 | 10 — | rouge vif. | 1,50 |

BOBROW

(WORONÈJE)

Chef lieu de district du même nom. 3,200 habitants. Près de Bobrow se trouvent les célèbres haras des comtes Orloff et Rostopschine.

Émission de 1872.

D. Inscription et valeur dans un losange, N. sur C., typogr. Feuilles de 20 timbres sur 5 rangées verticales, les deux dernières renversées.

L. БОБРОВСКАЯ ЗЕМСКАЯ 3 КОП. ПОЧТА.

PR. : Bobrovskaya ziemskaya potchta 3 kop (ieyki).

S. *Poste rurale de Bobrow. 3 kopecks.*

1900	3 kop.	rose.	0,75
1901	3 —	— *renversé.*	1,50
1902	*Les 4 variétés.*		5,00

Il existe quatre variétés de ce type. Elles sont placées sur une rangée verticale. La première a la lettre н au lieu de п au mot коп.; la deuxième a le mot suivi d'une virgule au lieu d'un point.

BOGOUTSCHAR

(VORONÈSE)

Ville de district. Commerce de blé et de bestiaux. L'agriculture et l'horticulture s'y trouvent dans un état florissant.

Émission de . . . (?) (antérieure à 1871).

D. Inscription sur deux lignes dans un cadre oblong, N. sur C. uni; imprimé avec un timbre à main. 17 rangées verticales de 5 timbres à la feuille.

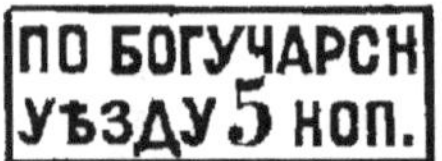

L : по богучарск уѣзду 5 коп.

PR : Po Bogoutscharsk (omou) ouyezdou 5 kop (ieyek).

S : *Par le district de Bogoutschar. 5 kopecks.*

2000   5 kop.   noir sur blanc uni.

Émission de 1873.

D. Semblable au timbre précédent, mais imprimé sur papier à lettre blanc uni grisâtre satiné et bâtonné.

L., PR. et S : *Voir plus haut.*

2001   5 kop.   noir sur blanc bâtonné.   0.75

BORISOGLIEBSK

(TAMBOFF)

Ville de district. 9,400 habitants. Possède de nombreuses salines. Dans le district de Borisoglebsk se trouvent ces célèbres haras d'où sortent les fameux trotteurs (*rysaki*) connus des amateurs. Les habitants s'occupent d'agriculture et de pâturage.

Émission de 1872.

Timbre festonné à relief blanc sur fond de couleur; au centre des armoiries surmontées d'une couronne; autour du cercle une inscription et la valeur en chiffres en-dessous.

L : БОРИСОГЛѢБСКАЯ ЗЕМСКАЯ ПОЧТА. 3 к.

PR : Borisogliebskaya ziemskaya Potchta. 3 k (opieyki).

S : *Poste rurale de Borisogliebsk. 3 kopecks.*

Papier blanc mat.

2100	3 kop.	outre-mer.	0.50

Papier blanc rosé.

2101	3 kop.	outre-mer.	0.50

BOROVITCHI

(NOVGOROD).

Située sur la Msta. 9,600 habitants. Construction de vaisseaux, teintureries, etc.

Émission de 1869 (?.

D. Armoiries dans un double cercle avec inscription et cadre

2

rectangulaire; dans les angles, un chiffre valeur. N. sur B.,
avec entourage des armoiries en couleur;
lithogr.

L : БОРОВИЧСКАЯ ПОЧТОВАЯ МАРКА — ЗЕМСКОЙ
ПОЧТЫ — 5 коп.

PR : Borovitchskaya Potchtowaya Marka —
Ziemskoy Potchty — 5 kop (ieyek).

S : *Timbre-poste de Borovitchi — de la poste
rurale — 5 kopecks.*

2200	5 kop.	noir et rouge-brun.	2.00
2201	5 —	noir et lie de vin.	2.00

Émission de 1872.

D. Mêmes armoiries que les précédents, mais dans un cadre
losange en couleur; de chaque côté, au-dessus des armoiries,
un chiffre 5 : en dessous, un chiffre romain V,
et plus bas, deux chiffres romains dont l'un
renversé sur l'autre. N. sur B., lithogr.

L. БОРОВИЧСКАЯ ЗЕМСКАЯ ПОЧТОВАЯ МАРКА. 5.

PR : Borovitchskaya ziemskaya Potchtowaya
marka.

S : *Timbre-poste rural de Borovitchi. 5.*

2202 5 kop. noir et rouge-brun foncé. 3.00

Émission de 1874.

D. Mêmes armoiries dans un cercle, avec cadre rectangulaire
portant inscription; au-dessus et en dessous des armoiries, la
valeur en toutes lettres. N. sur jaune,
lithogr. L'espace entre le cadre et le cercle
est en couleur rouge. Feuilles de 36 timbres
sur 6 rangées.

L : БОРОВИЧСКАЯ ЗЕМСКАЯ ПОЧТОВАЯ МАРКА
— ПЯТЬ КОПѢЕКЪ.

PR : Borovitchskaya ziemskaya Potchtowaya marka — Piat' kopicyek.

S : *Timbre-poste rural de Borovitchi — Cinq
kopecks.*

2203	5 kop.	noir et rouge sur jaune.	0.60
2204	5 —	noir et rouge vif.	0.60

BRONNITZI

(MOSCOU)

Ville de district. 2,925 habitants. Détruite par un incendie en 1863. Se distingue par un nombre considérable de tailleurs. Fabrique de meules.

Émission de ... (antérieure à 1871).

D. Chiffre sur fond ligné dans un double ovale avec inscription et valeur en chiffres aux quatre angles; bordure festonnée, C. sur B., lithogr.

L : ЗЕМСКОЙ ПОЧТЫ БРОННИЦКАГО УѢЗДА 5 К.

PR : Ziemskoy l'otchty Bronnitzkaho ouyezda 5 k (opieyek.

S : *De la poste rurale du district de Bronnitzi. 5 kopecks.*

2300	5 kop.	rouge vermillon.	0.60
2301	5 —	rouge vermillon vif.	0.60

ENVELOPPES.

Émission de 1872 (?).

D. Même type que les timbres précédents; estampille sur la patte de fermeture. Lithogr. C. sur B. jaunâtre uni.

L., PR. et S : *Voir plus haut.*

(Format 14 1/2 sur 8 centimètres).

2400	5 kop.	outre-mer.
2401	5 —	bleu pensée.

(Format 14 sur 11 centimètres).

2402	5 kop.	outre-mer.	2.00
2403	5 —	bleu pensée.	1.25

(Même format, papier blanc grisâtre).

2404	5 kop.	bleu pensée.	1.25

CHARKOFF

(CHARKOFF)

Chef-lieu de gouvernement. 50,300 habitants. Ville commerçante. 765 manufactures et 58 fabriques, parmi lesquelles des fabriques de tapis, draps, sucre, salpètre, savon, bougies, etc. Les habitants du district s'occupent d'agriculture, d'apiculture, de pâturage. C'est sans doute par suite de la fertilité du sol et du développement de l'industrie que les armoiries de Charkoff portent une corne d'abondance et un caducée, attributs du commerce. La ville de Charkoff est de date récente. Lorsqu'en 1651 le célèbre chef des cosaques Bohdan Chmielnicki conclut la paix avec la Pologne, ses troupes formées des habitants de l'Ukraine et de la Petite-Russie, fondèrent des colonies (*slobody*) comme Achtyrka, Soumy, Charkoff, qui se transformèrent bientôt en villes florissantes. C'est de là que vient le nom de Slobodzkaya donné autrefois à ce gouvernement. L'université de Charkoff, fondée en 1805, possède une riche collection de médailles et monnaies orientales de la dynastie des Ommaïades et Abyssides.

Émission de... (antérieure à 1871).

D. Armoiries : Corne d'abondance et caducée ; en dessous un gros 5 sur fond pointillé, le tout dans un ovale double avec inscription et chiffre-valeur aux angles. C. sur B., lithogr. Une inscription noire dans un cadre oblong est appliquée sur chaque timbre.

L : ЗЕМСКАЯ ПОЧТА ХАРЬКОВСКАГО УѢЗДА — **5 к.**
La surcharge : ХАР. УѢЗ. ЗЕМ. УПР.
PR : Ziemskaya Potchta Charkofskaho ouyezda 5 k (opieyek) — Char (kofskoy) ouyezd (noy) ziem (skoy) oupr (awy).
S. *Poste rurale du district de Charkoff. 5 kop.*
La surcharge : *De l'administration rural du district de Charkoff.*

2500	5 kop.	rouge.	0.60
2501	5 —	rouge pâle.	0.60
2502	5 —	rouge carminé.	

TIMBRE-TAXE.

Émission de (antérieure à 1871).

D. Même type que le timbre précédent et avec même surcharge noire, C. sur B., lithogr.

L , PR. et S : *Voir plus haut.*

2600   5 kop.   bleu.   0.75

CHERSON

(CHERSON)

Chef-lieu de gouvernement. Situé sur le Dnieper, à quelques lieues de l'embouchure de ce fleuve, dans la Mer Noire. 33,960 habitants. Cette ville, fondée en 1778, possède un port de mer, une forteresse, des chantiers pour la construction des vaisseaux. Commerce de bois, servant à la construction des navires, de blé et surtout de laine de moutons. Cette contrée arrosée par trois grands fleuves, le Dnieper, le Dniestr et le Bougue, appartenait jadis à la Turquie ; ce n'est qu'en 1774 qu'elle fut incorporée à la Russie par suite des victoires remportées par le feld-maréchal Potemkin et des traités qui succédèrent. Les emblèmes d'agriculture et d'horticulture figurant sur le timbre de la première émission, ont rapport aux occupations agricoles des habitants de ce gouvernement.

Émission de... (antérieure à 1871).

D. Gerbes de blé, faux, rateau, etc., dans un petit ovale, avec valeur au-dessus et inscription en dessous ; dans les angles, la valeur en chiffres. C. sur B., lithogr. 25 timbres par feuille de 5 rangées.

L : МАРКА Х. У. ЗЕМ. ПОЧТЫ — 10 КОП.

PR : Marka Ch (ersonskoy) Ou (yezdnoy) Ziem (skoy) Potchty — 10 kop (ieyek).

S : *Timbre de la poste rurale du district de Cherson — 10 kopecks.*

2700   10 kop.   jaune.
2701   10   ·   jaune orange pâle.

C'est, dit-on, à cause de l'abréviation X. (ch) du nom propre Chersonskoy, qui peut être considéré comme chiffre romain, que ce timbre fut supprimé peu après son apparition.

Émission de... (antérieure à 1871).

D. Postillon à cheval imprimé en noir dans un grand cercle; au-dessus et en dessous, une inscription: de chaque côté, la

valeur: *10 kop.* et dans les angles, les chiffres 10. C. sur B., piqué 13 1/2, rectangle de grande dimension; 36 timbres à la feuille sur 4 rangées horizontales.

L.: ЗЕМСКАЯ ПОЧТОВАЯ МАРКА ХЕРСОНСКАГО УѢЗДА. 10 КОП.

PR : Ziemskaya Potchtowaya marka Chersonskaho ouyezda. 10 kop (cyek).

S: *Timbre-poste rural du district de Cherson. 10 kopecks.*

2702   10 kop.   rose et noir   2.50

Émission de janvier 1872.

D. Pareil au timbre précédent, mais de plus petite dimension, lithogr., C. sur B., piqué 12 1/2. Feuilles de 54 timbres par rangée verticale de 9.

L., PR. et S. : *Voir le timbre précédent.*
  2703 10 kop. noir et vermillon pâle 1.50
  2704 10 — noir et vermillon vif   1.50

Émission de 1874.

D. Type refait, semblable au timbre 1872, avec les différences suivantes : le cavalier est plus droit; les inscriptions du bas un peu plus grandes; le cercle n'a qu'un trait au lieu de deux; les coins sont moins échancrés; la dimension est d'un demi-millimètre moins grande en largeur. Lithogr., C. sur B., piqué 12 1/2.

L., PR. et S. : *Voir le 2ᵉ type.*

    2705   10 kop., noir et vermillon pâle   1.25
    2706   10 —   —   —   vif   1.25

DANKOF

(RIASAN)

Petite ville sur le Don. 3.000 habitants.

Émission de 1873.

D. Armoiries dans un ovale avec valeur de chaque côté et une inscription au-dessus et en dessous; forme losange. C. sur B., lithogr., feuilles de 40 timbres, sur 8 rangées horizontales.

L : ДАНКОВСКАЯ ЗЕМСКАЯ ПОЧТА. 3 К.

FR . Dankovskaya ziemskaya potchta. 3 k (opieyki).

S : *Poste rurale de Dankof. 3 kopecks.*

2800   3 kop. noir et vert jaune.   0 50

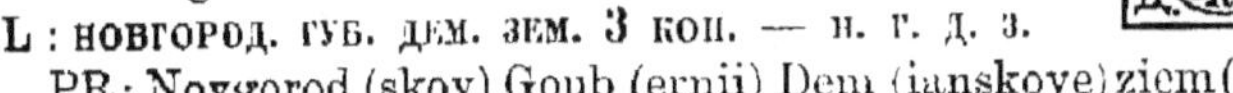

DEMIANSK

(NOVGOROD)

Petite ville insignifiante.

Émission de 1868.

D. Armoiries du gouvernement et de la ville, dans un double ovale, avec inscription, valeur et lettres aux angles. Typ., N. sur B. couché bleu, percé en lignes. Feuilles de 100 timbres sur 10 rangées.

L : НОВГОРОД. ГУБ. ДѢМ. ЗЕМ. 3 КОП. — Н. Г. Д. З.

PR : Novgorod (skoy) Goub (ernii) Dem (ianskoye) ziem (stwo)

3 kop (ieyeki). — N (ovgorodskoy) G (oubernii) D (emianskoye) z (iemstwo).

S : *Assemblée rurale de Demiansk. Gouvernement de Norgorod. — 3 kopecks.*

2900   3 kop. noir et bleu   0.50

Le revers de chaque feuille de timbres porte la reproduction d'un timbre imprimé en noir.

DMITROFF

(MOSCOU)

Ville manufacturière de district. On compte dans le district 18 fabriques et beaucoup de manufactures, parmi lesquelles les filatures se distinguent principalement.

Emission de juin 1874.

D. Armoiries dans un écu, surmontées d'une couronne et renfermées dans un cadre losange, avec inscriptions et chiffres ; sous les armoiries, la valeur en toutes lettres, C. sur B., lithogr. Les armoiries se détachent sur fond bleu ; le reste est imprimé en rouge carmin. Feuille de 25 timbres sur 5 rangées.

L : ДМИТРОВ. УѢЗДНАЯ ЗЕМСКАЯ ПОЧТА. ТРИ К.

PR : Dmitrow (skaya onyezdnaya ziemskaya potchta. — Tri k (opieyki).

S : *Poste rurale du district de Dmitroff. Trois kopecks.*

3000   3 kop.   bleu et rouge   0.75
3000   3 —   bleu pâle et rouge 0.75

TIMBRES-TAXE.

Émission de juin 1874.

D. Armoiries dans un écu avec couronne se détachant sur fond vert jaune ; cadre rectangulaire avec inscriptions et chiffres aux angles. Inscriptions au-dessus et en dessous des armoiries. C. sur B., lithogr.

L : ДМИТРОВСКАЯ УѢЗДНАЯ ЗЕМСКАЯ ПОЧТА — НЕОПЛАЧЕНО — ТРИ КОП.

PR : Même prononciation que plus haut pour les quatre premiers mots, puis : niéoplatchéno tri k (opieyki).

S : *Poste rurale du district de Dmitroff — non payé — trois kopecks.*

3100   3 kop.   brun et vert jaune   0.75

DMITRIEFF

(KOURSK)

Petite ville peu remarquable. 800 habitants.

Émission de ... (antérieure à 1871).

D. Armes dans un double ovale avec inscription et valeur, gravé et impr. en taille douce, N. sur B., *gommé à la colle forte.* Feuilles de 35 timbres sur 7 rangées verticales.

L : ДМИТРІЕВС. ЗЕМСК. УПРАВЫ. 3 КОП СЕР.

PR : Dmitriefs (koy) ziemsk (oy) ouprawy 3 kop (ieyki) ser (ebrom).

S : De l'administration rurale de Dmitrieff. 3 kop. argent.

3200	3 kop., noir gris sur blanc	0.60
3201	3 — noir intense	—	0.60

Les premiers timbres se délivraient par la poste, coupés selon la forme ronde du timbre.

DNIEPROWSK

(TAURIDE)

Ville de district, située à l'embouchure du Dnieper. 6,900 habitants. Elle a été fondée en 1711 par les cosaques et porte aujourd'hui le nom d'Aleschky.

Emission du ... (antérieure à 1871).

D. Inscription au centre et dans un cadre oblong. N. sur B., typogr.

L : ЗЕМСКАЯ МАРКА ДНѢПР. УѢЗДА — ДЛЯ ПИСЕМЪ 5 к.

PR : Ziemskaya marka Dniepr (ovskaho) ouyezda. — Dlia Pisiém 5 k (opieyek).

S : *Timbre rural du district de Dnieprowsk. — Pour lettres. 5 kopecks.*

3300	5 kop.	noir.

Emission de 1874.

D. Type semblable au précédent, mais différant par la disposition des inscriptions et le dessin des deux côtés plus grands ici. N. sur B., mince vergé et bâtonné; typogr. Trente timbres à la feuille par rangée horizontale de six.

L., PR. et S : *Voir plus haut.*

3301	5 kop.	noir gris	1.00
3302	5 —	noir intense	1.00

DOUCHOWCHTCHINA

(SMOLENSK)

Sur la rivière Tzarewitch. Petite ville de district.

Émission du 1ᵉʳ janvier 1873.

D. Inscription typographique dans un double cadre oblong ; au

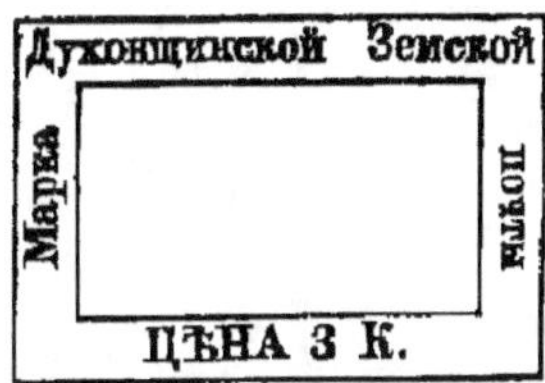

milieu une inscription manuscrite en noir indiquant la date d'emploi : N. sur C., typogr. Feuilles de huit variétés de timbres sur deux rangées verticales.

L : ДУХОВЩИНСКОЙ ЗЕМСКОЙ ПОЧТЫ МАРКА ЦѢНА 3 К.

PR : Douchowchtchinskoy ziemskoy potchty marka tziéna 3 k (opieyki).

S : *Timbre de la poste rurale de Douchowchtchina, prix : 3 kopecks.*

Les variétés pour les deux valeurs sont absolument les mêmes, sauf le chiffre. Les timbres de la première rangée verticale ont dans le cadre supérieur l'inscription telle que le reproduit notre type ; la deuxième rangée a le premier mot abrévié духовщин. et ponctué ; la 2ᵉ variété de cette rangée a une suite de petits points au filet gauche extérieur et la 3ᵉ est sans ponctuation après le mot почты.

3400	3 kop.	gros bleu	1.00
3401	6 —	rose	1.25
3402	3 —	les 8 variétés	7.00
3403	6 —	—	9.00

EKATERINOSLAW

(EKATERINOSLAW)

Chef-lieu du gouvernement situé sur le Dnieper. 13,900 habitants. Fondé en 1787 par le feld maréchal Potemkin et nommé Ekaterinoslaw en mémoire de l'impératrice Catherine II. La signification littérale du nom est : « gloire de Catherine. » En 1846 on érigea dans cette ville la statue de cette impératrice. Dans le district d'Ekaterinoslaw se trouvent de nombreuses colonies allemandes.

Émission de 1872.

D. Lettre E ornée et millésime dans un double cercle avec inscription et valeur en chiffres aux angles. C. sur B. gravé et imp. en taille douce. La lettre E représentée sur le timbre est

l'initiale du nom de Catherine II; en russe : *Ekaterina*.

L : ЗЕМСК. ПОЧТ. МАР. ЕКАТЕРИН. УѢЗ. — ПЯТЬ КОП.

PR : Ziemsk (aya) potcht (owaya) mar (ka) Ekaterin (oslawskaho) ouyez (da) piat' kop (ieyek).

S : *Timbre-poste rural du district d'Ekaterinoslaw – cinq kopecks.*

3500	5 kop.	vert gris	2.00
3501	5 —	vert jaune pâle	0.75
3502	5 —	vert jaune vif	0.75

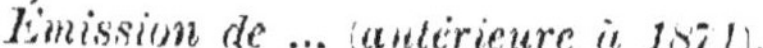

ELISAVETGRAD

(CHERSON)

Ville de district dont le nom signifie « ville d'Elisabeth. » Elle fut fondée pendant le règne de cette impératrice, fille de Pierre le Grand. 27,800 habitants.

Émission de ... (antérieure à 1871).

D. Armoiries dans un cercle avec inscription; de chaque côté une colonne, en dessous, un livre; entre le cercle extérieur et les colonnes, des gerbes de blé, plumes et faux; autour, une inscription. C. sur mauve, lithogr.

L : ЕЛИСАВЕТГРАДСКАЯ УѢЗДНАЯ. ЗЕМСКАЯ ПОЧТОВАЯ МАРКА — МАРКА ЗЕМСКОЙ ПОЧТЫ — ПЯТЬ КОП.

PR : Elisawetgradskaya ouyezdnaya ziemskaya potchtowaya
marka.

S : *Timbre-poste rural du district d'Elisavetgrad. — Timbre de
la poste rurale, cinq kopecks.*

L'inscription sur le plat du livre signifie : Polojénié o ziemskich outsch-
réjdeniach, c'est-à-dire : Lois sur les administrations rurales

3600   5 kop.   carmin.

Émission de 1872.

D. Mêmes armoiries, mais de plus petite
   dimension, C. sur B., lithogr.
L : Même légende que le précédent, sauf le
   mot suivant abrévié : Elisawetgradsk
   (aya).
S : *Même signification que plus haut.*
   3601   5 kop.   vert jaune   0.60
   3602   5 —   vert jaune vif 0.60

FATÈJE

(KOURSK)

Ville de district. **2,600** habitants. Fabriques de cordes pour navires.

ENVELOPPES.

Émission de ... (antérieure à 1871).

D. Armoiries dans un double ovale large avec inscription,

   C. sur B. varié: estampille à la
   patte de fermeture; sans indication
   de valeur.
L : ЗЕМСКАЯ ПОЧТА ФАТЕЖСКАГО УѢЗД.
PR : Ziemskaya potchta Fatejskaho
   ouyezd (a).
S : *Poste rurale du district de Fatèje.*

Format unique : 14 sur 11 centimètres.

Papier gris blanc uni.

3700	4 kop.	bleu	
3701	4 —	bleu foncé	
3702	6 —	vermillon	
3703	6 —	brique.	

Papier blanc uni.

3704	4 kop.	bleu.

Papier vergé blanc.

3705	4 kop.	bleu pâle	1 00
3706	4 —	bleu	1.00
3707	4 —	bleu vif	1.00
3708	6 —	vermillon	1.25
3709	6 —	vermillon pâle	1.25
3710	6 —	vermillon vif	1.25

Les mêmes, avec timbre renversé.

3711	4 kop.	bleu	1.50
3712	4 —	bleu vif	1.50
713	6 —	vermillon vif	

La même, timbre renversé sur la patte inférieure.

3714	4 kop.	bleu

Papier vergé blanc très-mince.

3715	6 kop.	vermillon

Papier vergé blanc rosé.

3716	4 kop.	bleu pâle	1.00
3717	4 —	bleu	1.00
3718	4 —	bleu vif	1.00
3719	6 —	vermillon pâle	1.25
3720	6 —	vermillon	1.25
3721	6 —	vermillon vif	1.25

La même, timbre renversé.

3722	4 kop.	bleu
3723	4 —	bleu vif

Papier vergé blanc, couché en couleurs variées à l'intérieur.

3724	6 kop.	vermillon, intérieur	rose		2.00
3725	6 —	—	—	lilas	
3726	6 —	—	—	vert	
3727	6 —	—	—	bleu	2.00
3728	6 —	—	—	bois	2.00
3729	6 —	—	—	jaune	

GDOFF

(SAINT-PÉTERSBOURG)

Petite ville de district sur la Gdowka, non loin du lac Tschud'. Les habitants sont la plupart artisans ou pêcheurs.

Emission du 16 avril 1874.

D. Chiffre-valeur dans un ovale avec inscription; dans les angles un chiffre. C. sur B. piqué 13. Feuille de 10 rangées horizontales de 21 timbres.

L : ГДОВСКIЙ УѢЗДЪ. ЗЕМСКАЯ ПОЧТА.

PR : Gdowskiy ouyezd   ziemskaya potchta. 2 kop (ieyeki).

S : *Poste rurale du district de Gdoff. 2 kopecks.*

Les deux dernières rangées se terminent par un timbre renversé.

3800	2 kop.	outremer pâle	0.50
3801	2 —	outremer	0.50
3802	2 —	(*timbre renversé*)	2.00

GRIAZOWETZ

(WOLOGDA)

Ville de district. Possède des mines de fer, fabrique de gants grossiers
pour les paysans, teintureries de toiles. Le climat de cette contrée est
tout à fait septentrional. L'hiver commence en octobre et dure jusque fin
avril ; les gelées en plein été n'y sont pas rares. Le sol est sablonneux,
couvert en majeure partie de forêts. La population est composée en partie de samoyèdes. Ce mot pris littéralement signifie « mangeurs de soi-
même » ou de son semblable. Il ne faut cependant pas prendre ce mot
à la lettre, les samoyèdes n'étant ni féroces ni sauvages. Ils s'occupent
presque exclusivement de chasse. Leur langue est complétement diffé-
rente du russe.

Emission de 1873.

D. Armoiries dans un cercle avec inscription et valeur de chaque côté. Imprimé
avec un timbre à main en C. sur B.
azuré.

L : ГРЯЗОВЕЦ. ЗЕМСК. ПОЧТ. МАРКА.

PR : Griazowetz (kaya) ziemsk (aya) potcht (owaya) marka.

S : *Timbre-poste rural de Griazowetz. 2 kopecks.*

3900	2 kop.	outremer.	

Papier blanc uni.

3901	2 kop.	outremer	0.50
3902	2 —	outremer vif	0.50
3903	2 —	bleu	0.75
3904	2 —	bleu foncé	0.75

JEGORIEWSK

(RIASAN)

Ville de district du même nom. Fabrique de draps. 4,500 habitants.

Émission de ... (antérieure à 1871.)

D. Inscription sur fond ligné au centre d'un double losange et sur le cadre ; aux quatre côtés, une étoile à six branches, C. sur B., lithogr. Feuille double de 26 timbres par rangée horizontale de deux.

L : ЕГОРЬЕВСКОЙ УѢЗДНОЙ ЗЕМСКОЙ УПРАВЫ. — МАРКА СЕЛЬСКОЙ ПОЧТЫ. — 3 к. с.

PR : Jegoriewskoy ouyezdnoy ziemskoy ouprawy. — Marka sielskoy potchty 3 k (opieyki) s (erebrom).

S : *De l'administration rurale de Jegoriewsk. Timbre de la poste villageoise. — 3 kop. argent.*

Pour la ville.

4000	3 kop.	noir gris	0.75
4001	3 —	noir	0.75

Pour le district.

4002	3 kop.	bleu terne	0.75
4003	3 —	bleu vif	0.75

Émission de 1872.

D. Même type, mais refait en *taille-douce*, étoile à huit branches, C. sur B.

L., PR. et S : *Voir la description plus haut.*

Pour la ville.

4004	3 kop.	noir	0.75

JELETZ

(OREL.)

Ville très-commerçante. Produit ces célèbres cuirs de Russie connus sur tous les principaux marchés de l'Europe. 30,000 habitants. Le climat est tempéré et le sol des plus fertiles. Les habitants du district s'occupent d'agriculture, de pâturage et d'apiculture. Le pays est giboyeux, ce qui est la cause sans doute de l'adoption d'un cerf sur les armoiries de ce gouvernement.

Émission de 1874 (?).

D. Armoiries dans un ovale ayant inscription; un chiffre-valeur remplit les quatre angles, C. sur B., lithogr.

L : ПОЧТОВАЯ МАРКА ЕЛЕЦКАГО ЗЕМСТВА. ТРИ КОП.

PR : Potchtowaya marka Jeletzkaho ziemstwa. Tri kop (ieyki).

S : *Timbre-poste de l'administration (plutôt assemblée) rurale de Jeletz. Trois kopecks.*

4100	3 kop.	bleu foncé	1.50
4101	3 —	bleu	1.00

Émission de janvier 1875.

D. Armoiries dans un cercle avec inscription; en dessous, la valeur, C. sur B. épais, imprimé avec un timbre à main.

L : ПОЧТ. МАРК. ЕЛЕЦК. ЗЕМ. 5 К.

PR: Potcht (owaya) Mark (a) Jeletzk (aho) ziem (stwa) 5 k (opieyek).

S : *Voir plus haut.*

4102	5 kop.	lilas vif.

1875. Le même, C. sur B. bâtonné.

4103	5 kop.	lilas.

KADNIKOFF

(WOLOGDA)

Petite ville insignifiante.

Emission de ... (antérieure à 1873).

D. Armoiries dans un cercle ayant inscription; de chaque côté la valeur. Imprimés
avec un timbre à main en C. sur B. varié;
24 timbres à la feuille.

L : КАДНИК. ПОЧТ. ЗЕМСК. МАРКА. 3 К.

PR : Kadnik (owskaya) potcht (owaya) ziemsk
(aya) marka. 3 k (opicyki).

S : *Timbre-poste rural de Kadnikoff. 3 kopecks.*

Papier blanc jaunâtre.

| 4200 | 3 kop. | bleu | 2.00 |

Papier blanc.

| 4201 | 3 kop. | bleu vif | 2.00 |

Emission de 1874.

D. Mêmes timbres que les précédents, mais imprimés sur
papier blanc azuré. 80 timbres à la feuille.

L., PR. et S : *Voir plus haut.*

4202	3 kop.	outremer pâle	0.75
4203	3 —	outremer	0.75
4204	3 —	outremer vif	0.75

KAZAN

(KAZAN)

Chef-lieu du gouvernement. Ancienne capitale du khanat de Kazan, con-
quise par Iwan IV le Terrible en 1552; près du confluent de la Wolga et
de la Kazanka; entrepôt du commerce entre la Sibérie, la Boukharie et
la Russie d'Europe; centre d'une grande industrie : draps, toiles,
ancres, objets en fer, fabrique de savon connu sous le nom de savon de
Kazan. 63,000 habitants. Les Tartares deviennent de plus en plus rares.

On n'en compte guère aujourd'hui que 12,000. La ville a conservé néanmoins un aspect oriental et possède neuf metschettes (églises mahométanes). Depuis la domination des Tartares la civilisation a fait des progrès considérables à Kazan. L'Université fondée en 1803 avec un cours spécial de langues orientales, l'Académie ecclésiastique, le corps des cadets, l'institut de jeunes filles, les gymnases et bon nombre d'écoles d'instruction primitive, le développement de l'industrie et du commerce viennent à l'appui de ce que nous avançons. Fondée par Sagu, fils de Battou-Khan, en 1257, Kazan fut prise et détruite par Wasili-Dmitriewitsch en 1397; rebâtie peu de temps après par les Tartares, de nouveau prise en 1552 par Iwan IV après une vigoureuse résistance, elle fut pillée en 1774 par Pougatscheff, le célèbre aventurier du temps de Catherine II, se disant fils de Pierre III, qui fut exécuté à Moscou. Le sol du gouvernement de Kazan est fertile en grains, légumes, chanvre, houblon, fruits. Riches mines de fer, cuivre, albâtre, etc.

ENVELOPPES.

Emission de ... (antérieure à 1871).

D. Inscriptions au milieu et autour d'un ovale large ; imprimé avec un timbre à main sur le revers de l'enveloppe. C. sur B. gris-jaunâtre ; une inscription manuscrite en noir, avec signature, occupe la patte inférieure. Elle signifie : membre de l'administration rurale du district de Kazan. (Signé) Horodetzki.

L : ОПЛАЧЕННЫЙ КОНВЕРТЪ КАЗАНСКОЙ СЕЛЬСКОЙ ПОЧТЫ.

PR : Oplatchennyï konvert kazanskoy sielskoy potchty.

S : *Enveloppe payée de la poste villageoise de **Kazan.***

4300   6 kop. (dont 1 pour prix de l'enveloppe)   bleu.

Emission de 1874.

D. Timbre de l'enveloppe précédente appliqué sur feuilles de papier B. ordinaire.

L : *Voir plus haut.*

4301   6 kop.   bleu   1,50

KIRILOF

(NOVGOROD).

Ville de district située sur la rivière Kopanïa. 3,000 habitants. Le commerce et la pêche occupent la population de cette petite ville. C'est de là que viennent aussi ces grossières images saintes de style byzantin, qui se répandent largement parmi les paysans.

Emission de... (antérieure à 1871).

D). Inscription sur fond nuagé renfermé dans un double cercle portant inscription; fleurons dans les angles. C. sur brun roux; lithogr. 10 rangées horizontales de 8 timbres à la feuille.

L : кириловской уѣздной управы — для конвертовъ. 1 лотъ 2 коп.

PR : Kirilowskoy onyezdnoy oprawy — Dlia konwertov. 1 loth. 2 kop (ieyki).

S : *De l'administration rurale de Kirilof. Pour lettre. 1 loth. 2 kopecks.*

4400	2 kop.	noir.	0.75

Emission de 1872.

D. Semblable au timbre de l'émission précédente, C. sur brun roux; lithogr. Feuilles de 80 timbres comme plus haut.

L. PR. et S : *Voir plus haut.*

4401	2 kop.	bleu-gris.	0.50
4402	2 —	bleu	0.50
4403	2 —	gros-bleu.	0.50

KOLOMNA

(MOSCOU).

Ville de district sur la Moskowa, une des plus riches cités de l'Empire. 15,000 habitants. Commerce considérable de blé, bestiaux, suif. Nombreuses manufactures de laine, fil, coton, soieries; fabriques de bougies, etc. Ville ancienne. Elle dépendait en 1117 de la principauté de Riasan; en 1237 elle fut saccagée par Battou-Khan. Wasil Iwanowitsch la releva en 1530.

Emission de ... (antérieure à 1871).

D. Armoiries dans un écu renfermé dans un double ovale ayant inscription. Un chiffre valeur aux angles, C. sur B. jaunâtre épais, percés en lignes; lithograph. Feuilles de 30 timbres sur six rangées verticales.

L : СЕЛЬСКАЯ ПОЧТА КОЛОМЕНСКАГО УѢЗДА.

PR : Siélskaya potchta Kolomenskaho ouyezda. 5 k (opieyek).

S : *Poste villageoise du district de Kolomna. 5 kopecks.*

4500	5 kop.	rouge vermillon	0.75
4501	5 —	rouge vermillon vif	0.75

Emission de 1875.

D. Même type que le précédent, mais refait. Dimension 26 1/2 au lieu de 25 1/2 millimètres. Grandes étoiles placées de chaque côté, vers le milieu de la colonne, C. sur B., non dentelés, lithographiés. Feuilles de 30 timbres comme plus haut.

L. PR. et S : *Voir plus haut.*

4502	5 kop.	brique pâle	0.75
4503	5 —	brique vif	0.75

TIMBRE-TAXE.

Emission de ... (antérieure à 1871).

D. Même type que le précédent, de même émission C., sur B. épais, percés en lignes ; lithogr.

L. PR. et S : *Voir plus haut.*

4600	5 kop.	bleu.	0.60
4601	5 —	bleu terne	0.60
4602	5 —	bleu foncé	0.60

KOTELNITCH

(VIATKA).

Ville de district, 2,900 habitants. Commerce de blé, lin, cuirs.

Émission du 22 juin 1869.

Pour l'affranchissement des lettres ordinaires de l'intérieur.

(La souche sert de reçu à l'expéditeur).

D. Valeur dans un ovale large avec inscription; chiffres aux angles. N. sur papier B. couché C. glacé; typographié. Une souche non-gommée à gauche est séparée du timbre par un dessin de fantaisie. 4 timbres verticaux à la feuille.

L. *du timbre :* ПОЧТ. МАРКА КОТЕЛЬНИЧ ЗЕМ. УПРАВЫ. 3 КОП.

L. *de la souche :* № 18 ГОДА МѢСЯЦА ДНИ ПРІЕМЩИКЪ.

PR. *du timbre :* Potcht (owaya) marka Kotelnitch (eskoy) ziem (skoy) ouprawy. 3 kop (ieyki).

PR. *de la souche :* № 18. Goda miesiatza dnia priomchietchik.

S : *Timbre-poste de l'administration rurale de Kotelnitch. 3 kopecks. № 18 .., année .... mois .... jour.... Receveur.*

Les quatre timbres que portent chaque feuille, sont autant de variétés. Elles se distinguent comme suit :

1re VARIÉTÉ. Le chiffre 3 se rapproche sensiblement de l'ovale; sous 3 kop. il y a une rangée de huit boules de diverses grosseurs terminées de chaque côté par un fer de lance.

2e VARIÉTÉ. Au lieu de huit boules il y a un petit rectangle entre deux fers de lances. (*Voir la reproduction*).

3e VARIÉTÉ. N'a pas un filet intérieur dans la partie verticale de l'angle gauche du bas; au milieu des deux fers de lance, sous 3 kop., le petit rectangle a les ombres du haut au lieu de les avoir du bas, comme la 2e variété. Le mot 3 kop. se dirige à droite vers le haut.

4e VARIÉTÉ. Ici la valeur incline vers le bas et les deux fers de lance sont réunis par une boule.

| 4700 | 3 kop. | orange-vermillon. | 2.00 |
| 4701 | 3 — | (les 4 variétés). | 7.50 |

Émission de 1870 ou 71.

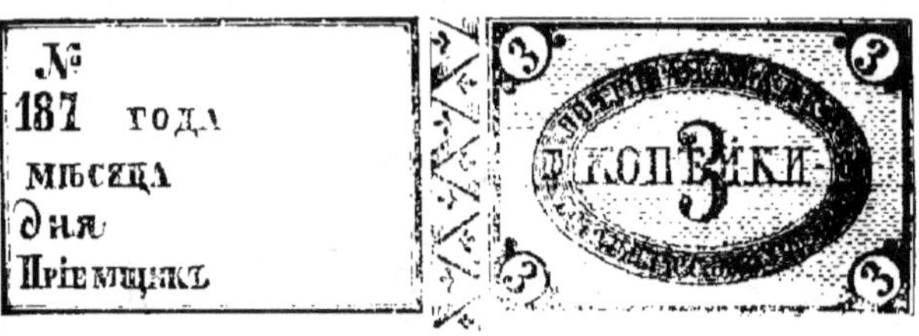

D. Chiffre dans un ovale large avec inscriptions; fond moucheté en couleur, chiffres aux angles et inscriptions en noir; souche à gauche: C. sur B., gommé; lithogr. Dimension : 73 1/2 mil. sur 23 1/2. Feuilles de 16 timbres sur deux rangées verticales.

L : *du timbre.* ПОЧТОВАЯ МАРКА КОТЕЛЬНИЧЕС. ЗЕМ. УПРАВЫ. 3 КОПѢЙКИ.

L : *de la souche.* № 187. ГОДА МѢСЯЦА ДНЯ ПРІЕМЩИКЪ.

PR : *du timbre.* Potchtowaya marka Kotelnitches (koy) ziem (skoy) ouprawy. 3 kopieyki.

PR : *de la souche. Voir 1er type.*

S : *Voir plus haut.*

Il existe deux reports de cette émission. On remarquera sur le premier que le dessin qui sépare la souche est semblable pour tous les timbres. Il n'en est pas de même pour le deuxième report : la première rangée verticale (de gauche) a le dessin ombré de gauche à droite, la deuxième rangée (de droite) a le contraire : résultat du dessin retourné. Le premier tirage a la gomme blanc-jaunâtre, le deuxième l'a grisâtre.

Pour lettres de l'intérieur.

Dessin de souche ombré de gauche à droite.

| 4702 | 3 kop. | bleu terne | 2.00 |
| 4703 | 3 — | bleu terne foncé | 2.00 |

Dessin de souche ombré de droite à gauche.

4704	3 kop.	bleu terne pâle	1.25
4705	3 —	bleu terne foncé	1.25
4706	3 —	les 2 variétés se tenant	2.50

TIMBRES-TAXE.

Émission du 22 juin 1869.

D. Valeur au centre d'un double ovale avec inscription ; la valeur en chiffres occupe les angles du cadre formé par deux filets ; à gauche, une souche séparée par un dessin de fantaisie. 1 timbre à la feuille, non gommé. Typ. N. sur C.

L : ПОЧТОВАЯ МАРКА КОТЕЛЬНИЧЕСКОЙ ЗЕМСКОЙ УПРАВЫ 3 коп.

L : *de la souche. Voir plus haut.*

PR : Potchtowaya marka Kotelnitcheskoy ziemskoy ouprawy, 3 kop (ieyki).

S : *Timbre-poste de l'administration rurale de Kotelnitch. 3 kopecks.*

| 4707 | 3 kop. | gris-bleu | 10.00 |

Ce timbre s'appliquait par les soins de la poste locale sur les lettres apportées par les postillons de la poste gouvernementale. Il indique la taxe à percevoir. La souche est remise aux postillons afin de pouvoir contrôler le nombre de lettres qu'ils ont délivrées à la poste locale. Celle-ci perçoit la taxe en faveur des postillons à qui elle est remise sur la présentation des souches.

Émission de 1870 ou 1871.

D. Même dessin que le timbre de cette émission, non gommé. Dimension : 72 1/2 mil. sur 23 1/2. Différence due au moindre écartement du dessin du milieu, de la souche et du timbre.

L : котельничеconvainкой . . . . . управ.

PR : Kotelnitcheskoy . . . . ouprav.

S : *Voir plus haut.*

Dessin de souche ombré de gauche à droite.

4708   3 kop.   jaune (?)

Dessin de souche ombré de droite à gauche.

4709   3 kop.   jaune

Nous n'avons pas eu l'occasion d'observer si les différences dans le dessin de séparation des souches existent ici. Tout le fait supposer.

Par suite d'une décision de la sixième session de l'Assemblée du district de Kotelnitch, les timbres cessèrent d'avoir cours le 31 décembre 1872. Depuis cette date les lettres furent délivrées gratis par la poste. Mais ce désintéressement sans exemple fut de courte durée : depuis mars 1874, deux nouveaux timbres ont fait leur apparition. Leur emploi est le même que les timbres précédents.

Émission de mars 1874.

Pour lettres de l'intérieur.

D. Le dessin refait est semblable au type 1870. Le timbre et la souche ont 72 mil. sur 23; le dessin de séparation de souche a de chaque côté un filet et des différences existent dans la disposition et caractères des inscriptions, notamment celles de la souche qui sont plus petites. Le chiffre 3 a la tête moins cambrée. N. sur B., non gommés; lithogr. 16 timbres à la feuille sur deux rangées verticales.

L : *du timbre.* почтовая марка котельничеcompКОЙ зем. управы. 3 копѣйки.

L : *de la souche. Voir plus haut.*

PR : Potchtowaya marka kotelnitcheskoy ziem (skoy) ouprawy. 3 kopieyki.

S : *Voir plus haut.*

4710	3 kop.	vert jaune.	1.00
4711	3 —	vert jaune vif.	1.00
4712	3 —	vert foncé.	1.00

TIMBRES-TAXE.

4775	3 kop.	jaune pâle.	1.00
4776	3 —	jaune.	1.00
4777	3 —	jaune orange.	1.00

KOZIELETZ

(TSCHERNIGOF)

Ville de district fort insignifiante. 4,290 habitants. Le sol de cette contrée est fertile, le climat modéré. Les habitants qui se composent de Petits-Russiens, de colons allemands et de Juifs, s'occupent d'agriculture, de l'élevage de bestiaux et de commerce.

Emission de 1867.

D. Chiffre et inscription dans un rectangle, C. sur B. épais jaunâtre; lithogr.

L : ПОЧТОВАЯ МАРКА КОЗЕЛЕЦКОЙ ЗЕМСК. ПОЧТЫ.

PR : Potchtowaya marka Kozieletzkoy zien·sk (oy) potchty.

S : *Timbre-poste de la poste rurale de Kozie-letz.*

| 4800 | 3 kop. | bronze. | 4.00 |

Emission de 1874.

D. Chiffre et inscription dans un ovale large, C. sur B., lithogr.

L : ПОЧТОВАЯ МАРКА КОЗЕЛЕЦ ЗЕМСК. ПОЧТЫ.

PR : Potchtowaya marka Kozieletz (koy) ziemsk (oy) potchty.

S : *Voir plus haut.*

| 4801 | 3 kop. | bronze (2 nuances). | 0.75 |

KRAPIWNA

(TOULA)

Ville de district. 3,000 habitants. Production considérable de chanvre; commerce de cuir et suif. L'administration rurale, contrairement aux autres administrations, ne se trouve pas à Krapiwna, le chef-lieu du district, mais dans le village Serguéyefskoye, à quelques lieues de Krapiwna.

Émission de 1870.

D. Armoiries et couronne avec inscription en forme de fer à cheval et valeur en toutes lettres en dessous de l'écu; dans les angles un chiffre-valeur. C. sur B. quadrillé; lithogr. Les timbres sont tous numérotés à la plume. Feuilles de 9 rangées horizontales de 20 timbres.

L : КРАПИВ. ЗЕМСК. ПОЧТА — ТРИ КОП.
PR : Krapiw (enskaya) ziemsk (aya) potchta — Tri kop (ieyki).
S . *Poste rurale de Krapiwna — Trois kopecks.*

4900	3 kop.	bleu	0.60
4901	3 —	bleu pâle.	0.60
4902	3 —	bleu noir.	0.60

LIWNY.

(OREL)

Située sur la Sosna. 13,700 habitants.

Émission de ... (antérieure à 1871.)

D. Timbre festonné avec valeur en toutes lettres au centre d'un double cercle avec inscription; N. sur papier couché C.

L : ЛИВЕНСКАЯ ЗЕМСКАЯ ПЕЧАТЬ — ТРИ КОП.
PR : Liwenskaya ziemskaya petchat' tri kop (ieyki).
S : *Cachet rural de Liwny. 3 kopecks.*

5000	3 kop.	cramoisi	0.60

Peu avant sa suppression, la valeur de ce timbre a été portée à 5 kop. sans changement aucun au timbre.

Emission de 1873.

D. Armoiries dans un écu; autour du cadre rectangulaire, une inscription. C. sur B.; lithogr.

L : ЛИВЕНСКАЯ ЗЕМСКАЯ ПОЧТА ПЯТЬ КОП.

PR : Liwenskaya ziemskaya potchta, piat kop (ieyek).

S : *Poste rurale de Liwny. 5 kopecks.*

5001	5 kop.	rouge vermillon pâle	0.75
5002	5 —	rouge vermillon vif	0.75

LOUGA

(SAINT-PÉTERSBOURG)

Chef-lieu de district. 2,000 habitants. Situé dans un pays marécageux, couvert de forêts et lacs. Le sol est sablonneux et improductif. Le climat froid, humide. Néanmoins les habitants de Louga (qu'il faut considérer comme village) s'occupent d'agriculture.

Emission de ... (antérieure à 1871).

D. Armoiries à relief dans un ovale portant une inscription. Point de valeur indiquée. C. sur B.

L : ЗЕМСКАЯ ПОЧТА ЛУЖСКАГО УѢЗДА.

PR : Ziemskaya potchta Louchskaho ouyezda.

S : *Poste rurale du district de Louga.*

5100	bleu pâle	(2 kop.)	1.00
5101	bleu	—	0.60
5102	bleu vif	—	0.60

MALMYCHE

(VIATKA)

Petite ville insignifiante.

Emission d'octobre 1869.

D. Valeur dans un ovale oblong, inscription dans le cadre qui l'entoure, C. sur B., lith.

L : ЗЕМСКАЯ МАЛМЫЖСКАЯ УѢЗДНАЯ ПОЧТА. 2 КОП. ЗА ЛОТЪ.

PR : Malmychskaya ziemskaya ouyezdnaya potchta, 2 kop (ieyki) za loth.

S : *Poste rurale du district de Malmyche, 2 kopecks par loth.*

5200	2 kop.	rouge brique.

Emission de 1875.

D. Valeur dans un ovale large avec inscription dans le cadre qui le renferme, C. sur B., lithogr.

L., PR. et S : *Voir plus haut.*

| 5201 | 2 kop. | rouge pâle | 0.60 |
| 5202 | 2 — | rouge vif | 0.60 |

MALOARCHANGIELSK

(OREL)

Ville de district. 3,000 habitants.

Emission de ... (antérieure à 1871).

D. Armoiries dans un écu renfermé dans un cercle avec

inscription. Point de valeur indiquée. Imprimé en N. sur B.
avec un timbre à main. 108 timbres
à la feuille; rangée horizontale
de 12.

L : МАЛОАРХАН. УѢЗД. ЗЕМСКОЙ УПРА-
ВЫ.

PR : Maloarchan (gielskoy) ouyezd
(noy) ziemskoy ouprawy.

S : *De l'administration rurale de
Maloarchangielsk.*

| 5300 | noir gris | (5 kop.) | 0 75 |
| 5301 | noir intense | — | 0.75 |

MARIUPOL

(EKATERINOSLAW)

Ville de district, sur la mer d'Azoff. 4,000 habitants, parmi lesquels beaucoup de Grecs, Tartares et Kalmoucks.

Emission de ... (antérieure à 1871'.

D. Grand chiffre romain cinq avec armoiries et inscription; chiffres couleurs
aux angles. N. sur B., jaunâtre, lithogr.
12 timbres à la feuille sur trois rangées
verticales.

L : ЗЕМСКАЯ ПОЧТОВАЯ МАРКА. ПЯТЬ КОП.
PR : Ziemskaya potchtowaya marka piat'
kop (ieyek).
S : *Timbre-poste rural. 5 kopecks.*

| 5400 | 5 kop. | noir | 2.00 |

Emission de 1873.

D. Même timbre, plus petit, avec armoiries sur fond ligné et les deux côtés du chiffre romain, burelés. Un chiffre valeur blanc occupe les angles; N. sur B., jaunâtre, lithographiés. 11 timbres à la feuille sur 3 rangées horizontales, la dernière ayant le troisième timbre placé horizontalement.

L : ЗЕМСКАЯ МАРІУПОЛ. ПОЧТОВАЯ. МАРКА. ПЯТЬ КОП.

PR : Ziemskaya Mariupol (skaya) potchtowaya marka piat' kop (ieyek).

S : *Timbre-poste rural de Mariupol. 5 kop.*

5101	5 kop.	noir gris	1.00
5102	5 -	noir intense	1.00
5103	5 —	*couché horizontalement*	2.00

Émission de 1874.

D. Nouveau report. Timbre semblable imprimé en N sur B. 12 timbres à la feuille sur trois rangées verticales.

L., PR. et S : *Voir plus haut.*

5104	5 kop.	noir gris	1.00
5105	5 —	noir intense	1.00

MELITOPOL

(TAURIDE)

Ville peu remarquable. 3,000 habitants. S'il n'y a rien à dire de la ville, il n'en est pas de même du gouvernement de Tauride ou Crimée. Cette contrée douée d'un climat superbe, d'un sol des plus fertiles, est située entre la Mer Noire et la Mer d'Azoff. Elle formait de 1478 à 1783 un khanat indépendant sous la protection de la Turquie. Elle fut incorporée à la Russie sous le règne de Catherine II. Le côté Nord de la Crimée présente des plaines arides mais riches en salines pourvoyant de sel une grande partie de l'empire. Le côté gauche présente une végétation exotique : les figues, raisins, amendes y sont en abondance. La population se compose en partie de Russes, Tartares, Kalmoucks, Bohémiens,

Grecs, Allemands. Les habitants s'occupent d'agriculture et d'horticulture. On y récolte d'excellents raisins produisant des vins mousseux.
C'est au mois d'octobre que les Tartares apportent les raisins dans de
grands chars attelés de chameaux, sur tous les marchés de la Russie mé-
ridionale et de la Petite-Russie. La presqu'île de Crimée se rattache au
continent par l'isthme de Pérékop.

Emission de ... (antérieure à 1871).

D. Armoiries dans un ovale avec inscription
sur manteau impérial et couronne; partie
supérieure du timbre cintrée avec inscription, C. sur B., lithogr.

L : ДЛЯ ПИСЕМЪ. МЕЛИТОПОЛЬСКАЯ ЗЕМС. ПОЧТА
3 КОП.

PR : Dlia pisiem. Melitopolskaya ziems (kaya)
potchta. 3 kop (ieyki).

S : *Pour lettres. Poste rurale de Melitopol
3 kopecks.*

        5500   3 kop.   rouge.

Sa ressemblance avec le timbre officiel, a été la cause de sa suppression.

Emission de 1871.

D. Cavalier fumant et se dirigeant à gauche; en dessous, la
valeur; cadre rond avec inscription. C. sur B., lithogr.

L : МАРКА МЕЛИТОПОЛЬСКОЙ ЗЕМСКОЙ
ПОЧТЫ. — 3 КОП. СЕР. ЗА ЛОТЪ.

PR : Marka Melitopolskoy ziemskoy
potchty. 3 kop(ieyki) ser(ebrom) za
loth.

S : *Timbre de la poste rurale de Melitopol. — 3 kopecks argent pour un
loth.*

        5501   3 kop.   bleu.   1.50
        5502   3 —   bleu vif.

Emission de 1874.

D. Nouveau report du type précédent. Le double cercle intérieur ne forme qu'un gros trait; ceux extérieurs sont mal venus
et des parties essentielles du dessin font défaut. Le cavalier est

privé le plus souvent de son cigare. Impression défectueuse.
C. sur B , lithogr. Feuilles de 35 timbres sur 7 rangées verticales.
L., PR. et S : *Voir plus haut.*

5503	3 kop.	bleu pâle.	0.50
5504	3 —	bleu.	0.50
5505	3 —	bleu vif.	0.50
5506	3 —	indigo.	0.50

NOLINSK

(VIATKA)

Petite ville de district du même nom. 2,800 habitants. A deux lieues de
Nolinsk est un petit village qui a nom Wasiliewskoye ne comptant que
45 habitants. Néanmoins Wasiliewskoye est le centre du commerce de blé
du gouvernement de Viatka. Deux de ses habitants achètent annuellement environ 200,000 pouds de blé (le poud équivaut à 40 livres) sur les
500,000 qui s'y vendent chaque année. Outre le blé on vend pour plus
de 300,000 roubles par an, d'autres articles.

Emission de ... (antérieure à 1871).

D. Chiffre dans un carré avec inscription,
N. sur C., typogr.

L : ПОЧ. МАР. НОЛИНС. ЗЕМСКОЙ УПРАВЫ.
2 к.

PR : Potch (towaya) mar (ka) Nolins(koy)
ziemskoy ouprawy. 2 k (opieyki).

S : *Timbre poste de l'administration rurale de Nolinsk. 2 kopecks.*

5600	2 kop.	paille.

Emission de ... (antérieure à 1871).

D. Valeur dans un ovale large de fantaisie
avec inscription dans le cadre et chiffres
aux angles. N. sur C., typogr.

L : ПОЧТ. МАР. НОЛИНСК. ЗЕМСКОЙ УПРАВЫ.

PR : Potcht (owaya) mar (ka) Nolinsk (oy)
ziemskoy ouprawy.

S : *Voir plus haut.*

5601	2 kop.	jaune

Il existe un certain nombre de variétés de ce timbre, parmi lesquelles il en est qui ont le chiffre maigre. d'autres ont le dessin gauche du cercle, tourné en dehors.

Emission de ... (antérieure à 1871).

D. Valeur dans un double ovale ayant inscription : chiffres aux angles. N. sur C , typogr.

L : ПОЧТ. МАРКА НОЛИНСКОЙ ЗЕМ. УПРАВЫ.
PR : Potcht (owaya) marka Nolinskoy ziems (koy) ouprawy.
S : *Voir le type.*

5602　　　2 kop.　　　vert.

Emission de ... (antérieure à 1872 ?)

D. Chiffre valeur dans un cercle: en dehors, dans un ovale large, une inscription ; la valeur en chiffres aux angles, N. sur papier couché C., typogr. 5 timbres verticaux à la feuille, formant autant de variétés.

L., PR. et S : *Voir plus haut.*

Les cinq variétés diffèrent entre elles par la position irrégulière des inscriptions, la largeur et la hauteur des ovales.

5603　　　5 kop.　　　vert jaune pâle　　3,00
5604　　　*les 5 variétés.*

Emission de 1872 (?)

D. Timbre carré avec inscription et chiffres aux angles; au milieu, la valeur dans un cercle orné. 4 compositions du type différant par la position des caractères ou clichés typogr.; la 3e a le côté gauche du cercle, différent des autres. N. sur papier couché C., typ.

L : Voir 2e type, sauf le mot нолинской qui n'est pas abrévié.
S : *Voir 1er type.*

5605　　　2 kop.　　　rouge vif.　　　2,00

Émission de 1873.

D. Type analogue au précédent mais de plus petite dimension. N. sur papier couché C., typogr. 4 compositions du type. 180 timbres à la feuille par rangée horizontale de 10.

L. et PR : Voir le type précédent.

S : *Voir 1er type.*

Les quatre compositions se distinguent entre elles par le cadre extérieur à deux filets que possèdent les deux premières variétés. Le cliché qui réunit à gauche le cercle, en est distant d'un millimètre environ à la première variété; la deuxième, au contraire, le touche presque; le т de ПОЧТ est cassé en partie à la 2e variété. Les 3e et 4e variétés ont le cadre extérieur formé d'un gros filet; le chiffre 2, angle inférieur gauche, touche à la quatrième variété le cadre extérieur, au lieu d'être au milieu du petit rectangle.

5606	2 kop.	rouge foncé.	0.40
5607	2 —	*les 4 variétés.*	1.50

Émission de 1874 (?)

D. Chiffre dans un double ovale large avec inscription autour; valeur dans les angles, N. sur papier couché C. glacé, lithogr. Feuilles de 27 timbres sur 3 rangées verticales.

L : ПОЧТ МАРКА ВОЛЯНСКОЙ ЗЕМ. УПРАВЫ.

PR. et S: *Voir 1er type.*

5608	2 kop.	vert vif.	0.50

On ne sait pas si l'usage des timbres verts n'est pas différent de celui des timbres jaunes et rouges. L'administration des postes, consultée à ce sujet, prétend que les changements de types et de couleur sont le fait de l'imprimeur.

NOVGOROD

(NOVGOROD)

Chef-lieu de gouvernement situé sur le fleuve Wolchow près de son embouchure dans le lac Ilmen. Novgorod surnommée la Grande (*Welikiy*

Novgorod) est une des plus anciennes villes de la Russie. Fondée au
ve siècle par les Slaves, elle se gouverna longtemps en République. Elle
fut tour à tour indépendante ou tributaire des Warags ou des Russes.
Riurik le premier grand-duc de Russie l'agrandit et en fit sa capitale en
862, mais son fils Igor l'abandonna pour Kieff. Bien que considérée
dépendante des Czars, Novgorod se rendit libre de fait. Elle se gouverna
par une sorte de Parlement choisi parmi les citoyens de la ville avec un
pouvoir législatif. Le Parlement nommait un grand-duc de Novgorod
(*Welikiy kniaz'*), qui était le chef suprême des troupes armées et comman-
dait pendant la guerre. Le pouvoir exécutif était entre les mains du po-
sadnik (sorte de haut fonctionnaire civil), qui remplissait seulement les
arrêts du Parlement national (*Narodnoye wietsché*). Le pouvoir suprême en
affaires religieuses appartenait aux archevêques de Novgorod (*Wladyka*).
Ce n'est qu'en 1478 que Novgorod perdit son indépendance, ne pouvant
résister à Iwan III qui, à l'instar de Louis XI en France, tendait au
pouvoir souverain en supprimant toute tentative d'autonomie et d'indépendance qui contrecarraient ses plans de monarchie absolue. Une
dernière révolte (1569-1578) amena le siége et l'incendie de la ville qui
fut presque entièrement détruite. Les Suédois la pillèrent en 1611. Enfin
la fondation de Saint-Pétersbourg relégua Novgorod au rang de ville
secondaire. Autrefois Novgorod était la première des villes hanséatiques
et ne comptait pas moins de 400,000 âmes. Aujourd'hui la population
est réduite à 17,000.

Emission de ... (antérieure à 1871).

D. Armoiries dans un écu avec couronne renfermées dans un
ovale portant inscriptions; en haut et en bas une autre inscription. N. sur C., lithogr. 3 variétés.

L : ЗЕМСКАЯ СЕЛЬСКАЯ ПОЧТА — НОВГОГОДСКАГО
УѢЗДА. 5 КОП.

PR : Ziemskaya sielskaya potchta — Novgo-
rodzkaho ouyezda. 5 kop (ieyek).

S : *Poste rurale villageoise du district de Novgorod. 5 kopecks.*

Les 3 variétés qui sont placées l'une près de l'autre sur une ligne horizontale diffèrent entre elles par le chiffre 5 k et l'ovale qui le renferme.

5700	5 kop.	noir gris sur solferino.	2.00
5701	5 —	noir intense.	2.00
5702	5 —	*les 3 variétés.*	6.00

Emission de 1872.

D. Même type que le précédent, mais refait. Diffère par la forme de l'écu, la dimension plus petite de la couronne, les lignes verticales et l'inscription supérieure qui est abréviée. N. sur C., lithogr. 125 timbres à la feuille. 4 rangées verticales de 9 et 2 horizontales de 13.

L : La même que plus haut, sauf le mot новгородск abrévié.
PR. et S : *Voir plus haut.*

5703	5 kop.	noir-gris sur rose lilacé.	1.00
5701	5 —	noir intense. —	1.00
5705	5 —	*couché horizontalement*	2.00

NOWAIA-LADOGA

(SAINT-PÉTERSBOURG)

Petite ville de district sur le Wolchow. Habitée principalement par les pêcheurs. A deux lieues de là on montre les vestiges du vieux Ladoga (*staraya Ladoya*) qui peut être considéré comme le berceau de l'Empire russe, puisque c'est là que s'établit Riurik, le chef de la dynastie des Czars et le fondateur de l'Empire russe. Non loin de là, se trouve le lac Ladoga, le plus grand de l'Europe : 25 lieues de long sur 15 de large. 70 fleuves et rivières augmentent ses eaux. Riche en poissons de toutes espèces. La navigation y dure depuis mai jusque novembre.

Emission de 1869.

D. Armoiries dans un ovale surmonté d'une couronne; dans les angles, la valeur en chiffres, C. sur B. ou B. azuré. lithogr.
L : 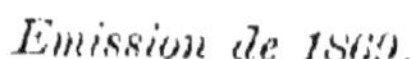 НОВОЛАДОЖСКАЯ ЗЕМСКАЯ ПОЧТА.
PR : Nowoladojskaya ziemskaya potchta.
S : *Poste rurale du nouveau Ladoga.*

5800	5 kop.	vert jaune.	1.00
5801	5 —	vert jaune pâle	1.00
5802	25 —	rouge vermillon pâle.	5.00
5803	25 —	rouge vermillon vif.	5.00

Le 5 kop. sert pour les lettres ordinaires, le 25 kop. pour les lettres chargées. La taxe des lettres chargées ayant paru trop élevée, fut réduite à 15 kop. en 1873 et le timbre 25 kop. supprimé.

Les feuilles des timbres 25 kop. présentent par erreur six exemplaires où la valeur est marquée partout « 5 kop.; » un seul ayant conservé cependant dans l'angle droit inférieur le chiffre 25. Cette variété se retrouve 20 fois sur les feuilles de 5 kop. verts, ceux-ci ayant été imprimés sur le dessin du 25 kop., avec suppression du chiffre 2, qu'on entrevoit encore sur certains exemplaires.

Les 5 kop. ont les feuilles composées de 12 rangées verticales de huit timbres et 9 timbres couchés horizontalement au-dessus et deux rangées de timbres horizontaux à gauche ; les 25 kop. ont douze rangées verticales de huit timbres et une de dix timbres horizontaux à droite et à gauche.

5804	5 kop.	rouge (*erreur*).

Avec le chiffre 25 dans l'angle droit inférieur.

5805	5 kop.	rouge.
5806	5 —	vert.

OCHANSK

(PERM)

Petite ville sans importance.

Émission ... (antérieure à 1874).

D. Armoiries dans un double cercle renfermé dans un carré, avec inscription à la partie supérieure et valeur en dessous ; C. sur B., lithogr.

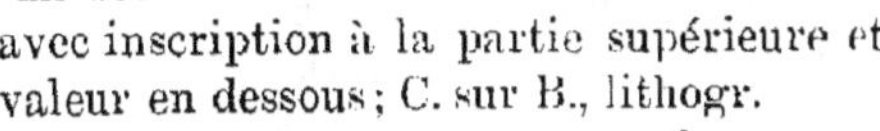

L : ОХАНСКОЙ ЗЕМСКОЙ ПОЧТЫ 3 КОП.

PR : Ochanskoy ziemskoy potchty 3 kop (ieyki).

S : *De la poste rurale d'Ochansk. 3 ko-pecks.*

5900	3 kop.	bleu.

L'administration des postes est confiée à une dame : exemple peut-être unique en Russie.

ORGUÉYEFF

(BESSARABIE)

Petite ville située dans la province de Bessarabie. Cette province, tributaire jadis de la Hongrie, de la Moldavie ensuite, passa depuis sous le
pouvoir de la Turquie. Ce n'est qu'en 1812, par suite du traité de Buca-
rest, qu'elle fut adjointe à la Russie. Elle a pour bornes le Dniester, le
Pruth, le Danube et la mer Noire. Le sol est très-fertile. Les plaines
immenses (steppes) sont couvertes d'herbes si hautes que les buffles sauvages s'y cachent complétement. La population se compose de Russes,
Bulgares, Tartares, Bohémiens, Allemands, Juifs, Grecs, Arméniens.
Ces trois derniers s'occupent exclusivement de commerce. Le chef-lieu
de la Bessarabie est Kischenieff.

Émission du 15 mai 1871.

D. Armoiries dans un ovale avec inscription; en dessous une
tête de bœuf; dans les angles un chiffre. C. sur B. glacé burelé;
piquage 12 1/2; feuilles de 24 timbres sur rangée horizontale
de 4, avec dernier timbre de la 1re rangée,
renversé sur certaines feuilles.

L : ОРГѢЕВСКОЙ ЗЕМСКОЙ ПОЧТЫ — ТРИ
КОП *ou* ШЕСТЬ.

PR : Orguéyefskoy ziemskoy potchty tri
ou chest' kop (ieyek).

S : *De la poste rurale d'Orguéyeff — trois*
ou *six kopecks.*

6000	3 kop.	noir	burelé	bleu	
6001	6	vert	—	bleu	1.00
6002	6 —	vert bleu	—	—	1.00
6003	6 —	vert bleu vif	—	—	1.00
6004	6 —	vert pâle	—	—	1.00
6005	6 —	vert jaune	—	...	
6006	3	(timbre renversé).			
6007	6 —	„			2.50

Les deux valeurs, quoique de type semblable, diffèrent par **les détails,**
les 3 et 6 kop. ayant été gravés séparément.

Émission de   ?

D. Timbres semblables aux précédents, N. sur B. glacé burelé non dentelés. Feuilles de 24 timbres présentant parfois un timbre renversé comme plus haut.

L. et S : *Voir l'émission précédente.*

6008	3 kop.	noir	burelé chair	
6009	6 —	vert	— bleu	
6010	6 —	vert bleu —	—	

? Les mêmes, piqués 12 1/2.

6011	3 kop.	noir burelé chair		0.75
6012	3 —	— —	rose très-pâle	0.75
6013	3 —	— —	rose vif	0.75
6014	3 —	*(timbre renversé)*		2.00

Les mêmes, piqués 12 1/2 horizontalement et non dentelés verticalement.

6015	3 kop.	noir	burelé chair	
6016	6 —	vert bleu	— bleu	1.50
6017	6 —	vert jaune	— —	1.50
6018	6 —	*(timbre renversé).*		

Les mêmes, piqués 12 1 2 verticalement et non dentelés horizontalement.

6019	3 kop.	noir	burelé chair	1.50
6020	6 —	vert jaune	— bleu	1.50
• 6021	6 —	vert bleu	— —	1.50
6022	6 —	*(timbre renversé).*		

Émission de 1874.

D. Type semblable au précédent de même valeur, C. sur B. glacé, burelé, piqué 12 1/2.

L., PR. et S : *Voir type 1871.*

6023	6 kop.	bleu	burelé jaunâtre.

OUSTSYSOLSK

(WOLOGDA)

Ville de district située dans une contrée déserte et marécageuse. Climat humide et froid. Dans le gouvernement de Wologda les ours et les loups font de grands ravages parmi les troupeaux. D'après les données statistiques, ces animaux féroces détruisent annuellement en moutons et chevaux, dans le district d'Oustsysolsk, pour une valeur de plus de 30,000 roubles. Pour tâcher de remédier à ce mal, on donne en prime pour chaque tête d'ours 10 roubles et 5 par tête de loup. La peau reste la propriété du chasseur.

Émission du 1er février 1872.

D. Armoiries (ours) dans un cadre oblong avec inscription; dans le cadre intérieur, une banderole avec inscription, chiffre aux angles: N. sur C. lithogr.

L : УСТЬСЫСОЛЬСКАЯ ЗЕМСКАЯ ПОЧТО-ВАЯ МАРКА — 3 КОП. ЗА ПАКЕТЬ.

PR : Oustsysolsk (aya) ziemskaya potchtowaya marka — 3 kop (ieyki) za pakiet.

S : *Timbre-poste rural d'Oustsysolsk — 3 kop. pour paquet (ou enveloppe).*

6100   3 kop.   jaune.

Émission de 1873.

D. Inscription dans un cercle orné renfermé dans un cadre oblong avec inscription et chiffre aux quatre côtés intérieurs, N. sur papier couché C. glacé, typogr. Bandes de 2 rangées verticales de dix timbres portant quatre variétés du type, répétées cinq fois et placées sur deux rangées.

L., etc. *Voir plus haut.*

Différences entre les 4 variétés.

La 1re VARIÉTÉ a le mot КОП. avec la deuxième lettre cassée en partie et simulant un G renversé.

La 2e VARIÉTÉ a le dessin du côté droit qui forme le cercle, tourné en dehors et la lettre n de за qui chevauche.

La 4e VARIÉTÉ a le dessin intérieur gauche qui manque.

6101   3 kop.   rouge foncé.   2.50
6102   *les 4 variétés.*   10.00

Émission de 1874.

D. Type analogue au précédent, mais inscriptions d'un caractère plus large et plus espacé, N. sur papier couché C. glacé ; typogr. Bandes de 24 timbres sur deux rangées verticales. 6 variétés.

L., etc. *Voir plus haut.*

Différences entre les 6 variétés.

1re VARIÉTÉ — Cadre intérieur à deux filets (voir le type 1). Le cliché inférieur gauche formant cercle a la boule au-dessus et celui de droite l'a en dessous.

2e VARIÉTÉ. — Cadre intérieur à un filet. Régularité des quatre clichés formant cercle, avec boules tournées vers la gauche et la droite (voir le type 2).

3e VARIÉTÉ. — Cadre intérieur à deux filets. Régularité des quatre clichés, mais avec le cliché (forme crosse) tourné à gauche, tandis que le 1er type l'a vers la droite.

4e VARIÉTÉ. — Cadre intérieur à un filet. Diffère de la 2e variété par le cliché (crosse) supérieur tourné à gauche au lieu d'être à droite.

5e VARIÉTÉ — Semblable à la 3e, mais avec l'inscription de droite à un millimètre plus éloigné du cadre supérieur ; le mot ПАКЕТЪ est ponctué ici et МАРКА a un gros point.

6e VARIÉTÉ. — Semblable à la 4e. Mais avec filets du cadre intérieur mal assemblés.

Ces six variétés sont placées sur deux lignes verticales.

6103	3 kop.	rouge vif	0.75
6104	3 —	*les 6 variétés.*	4.00

C'est à Wiatka que ces timbres ont été imprimés.

PAWLOGRAD

(EKATERINOSLAW)

Ville de district. 9,360 habitants.

Émission de ... (antérieure à 1871).

D. Armoiries avec étoile au-dessus de l'écu ; inscription dans l'ovale et chiffres romains aux angles. C. sur B., octogone ; lithogr.

L.: ПОЧТОВАЯ МАРКА ПАВЛОГРАД. ЗЕМ. УПРАВЫ

PR : Potchtowaya marka Pawlograd (skoy) ziem (skoy) ou-prawy.

S : *Timbre-poste de l'administration rurale de Pawlograd.*

6200   5 kop.   bleu de Prusse.

Émission de 1872.

D. Mêmes armoiries avec chiffres arabes aux angles et au-dessus de l'écu. C. sur B., lithogr. Feuilles de 24 timbres sur 4 rangées verticales.

L., etc. *Voir plus haut.*

6201	5 kop.	bleu	0.75
6202	5 —	bleu vif	0.75
6203	5 —	bleu foncé	0.75

PERÉIASLAW

(POLTAVA)

Ville de district près du Dnieper. 10,000 habitants. Elle eut des souverains particuliers dès 1054 ; fut souvent ravagée par les Tartares, tomba au pouvoir des Polonais et finit par retourner à la Russie par suite de l'insurrection des cosaques qui la donnèrent au czar Alexis Michaylowitsch en 1654. Commerce de blé et de bestiaux. C'est de là que proviennent les petits chevaux cosaques connus par leur agilité.

Émission de ... (antérieure à 1871).

D. Inscription dans un double cercle avec valeur au centre, N. sur C., typ. Les feuilles ont cinq rangées horizontales de 8 timbres, dont une partie renversés.

L : МАРКА ПЕРЕЯСЛАВ. СЕЛ. ПОЧТЫ. 3 коп.

PR : Marka Peréiaslaw(skoy) siel (skoy) potchty. 3 kop (ieyki).

S : *Timbre de la poste villageoise de Peréiaslaw. 3 kopecks.*

6300	3 kop.	chamois	1.50
6301	3 —	(timbre renversé)	3.00

Émission de 1874.

D. Inscription dans un carré avec chiffre
au centre; N. sur C.: lithogr., feuilles de
30 timbres sur six rangées horizontales.
L : Même que le précédent, sauf que le
mot сельск est moins abrévié.
PR. et S : *Voir plus haut.*

6302	3 kop.	noir gris sur chamois pâle	0.60
6303	3	noir intense	—	0.60

Émission de 1875.

D. Chiffre valeur dans un double rectangle portant inscription; chiffres sur
fond couleur aux angles, N. sur C., lithogr.
L., PR., etc. *Voir plus haut.*

6301	3 kop.	jaune.	0.60

PÉRÉSLAW-ZALESSKI

(WLADIMIR)

Ville de district. 6,700 habitants. A le surnom de Zalesski, c'est-à-dire au
delà des forêts, pour la distinguer d'une autre ville portant le même
nom et située également dans le gouvernement de Wladimir. Possède
des fabriques de draps, soie, savon et des tanneries. Commerce très-
développé. Pays boisé et giboyeux. Dans les immenses forêts qui entou-
rent Péréslaw, il y a une quantité énorme de loups. Lorsque l'hiver
est long et rigoureux, ces animaux font irruption dans les faubourgs
de la ville, ce qui occasionne des chasses dans les rues.

Émission de 1874 (?).

D. Chiffre et inscription dans un cercle, N. sur C., typogr.,
24 timbres à la feuille sur trois rangées verticales. La moitié
est imprimée de bas en haut et l'autre moitié de haut en bas
ce qui donne une rangée de timbres tête bêche.

L : ПЕРЕСЛАВСКАЯ ЗЕМСКАЯ ПОЧТА ВЛАД. ГУБ.

PR : Pereslawskaya ziemskaya potchta Wlad(imirskoy) gub(ernii) 3 k
(opieyki).

S : *Poste rurale de Pereslaw. Gouvernement de Wladimir. 3 kopecks.*

Nota. Il existe deux variétés placées l'une sous l'autre et différant par
la disposition des lettres. La première a l'inscription qui se termine à
4 millimètres de l'étoile (qui penche à droite) à partir du point final, tandis
que la 2ᵉ variété n'est qu'à 2 millimètres.

6400	3 kop.	vert bleu	0.50
6401	3	vert	0.50
6402	3	vert jaune	0.50
6403	3	*(timbre renversé)*	1.00
6404	3	*(les deux variétés)*	1.00

PIRIATIN

(POLTAVA)

Ville de district. 4,500 habitants. Connue par ses foires. Commerce d'eau-
de-vie, de blé, de chevaux, de goudron. Climat tempéré, sol fertile.

Émission de 1868.

D. Inscription dans un double cercle avec la valeur en chiffre
au milieu, N sur papier glacé cou-
ché C., typogr. 24 timbres à la feuille
sur 6 rangées horizontales.

L : МАРКА ПИРЯТИНСКОЙ ЗЕМСКОЙ СЕЛЬ-
СКОЙ ПОЧТЫ. 3 КОП.

PR : Marka Piriatinskoy ziemskoy
sielskoy potchty. 3 kop (ieyki).

S . *Timbre de la poste rurale villageoise
de Piriatin. 3 kopecks.*

6500	3 kop.	orange	2.00

Cette poste a été instituée en 1868. En supprimant ses timbres l'année
suivante, elle a cessé de fonctionner.

P E R M

(PERM)

Sur la Kama. 22,000 habitants. Grand commerce de métaux provenant des mines voisines. Perm n'était qu'un bourg avant le xviiie siècle; la découverte faite en 1713 d'une riche mine de cuivre, voisine de ce bourg, lui donna un rapide accroissement. En 1701 il fut érigé en ville. Le gouvernement de Perm, situé partie en Asie et partie en Europe, est partagé en deux par la chaîne de l'Oural. Le climat y est très-froid, le sol peu fertile. Riches mines d'or, d'argent, plomb, fer, cuivre, pierres précieuses. La population est composée de Russes, Bachkirs, Permiaks. Elle s'occupe principalement des travaux de mines et de chasse à l'ours.

Émission de 1872 (?).

D. Double cercle avec inscription et valeur au centre; les côtés extérieurs du cercle et de l'encadrement sont remplis par de petits losanges. 48 timbres à la feuille sur 6 rangées verticales. N. sur B. jaunâtre, lithogr.

L : ПЕРМСКОЙ УѢЗДН. ЗЕМСК. ЭПРАВЫ ПОЧТА.

PR : Permskoy ouyezdn(oy) ziemsk (oy) ouprawy potchta. 3 kop(ieyki) ser(ebrom).

S : *Poste de l'administration rurale du district de Perm . 3 kopecks argent.*

NOTA. — Il y a 6 variétés par rangée horizontale. Elles diffèrent par le dessin plus ou moins éloigné de l'inscription qui la sépare du haut. La première variété a le mot CEP. suivi d'un point, contrairement aux autres.

6600	3 kop.	noir gris sur blanc jaunâtre	0.60
6601	3 —	noir intense — —	0.60
6602	3 —	*les six variétés*	3.00

Émission de 1873.

D. Nouveau report. Même type que le précédent. Les feuilles

n'ont que 24 timbres par rangée horizontale de quatre. N.
sur B., lithogr.

L., etc. *Voir plus haut.*

NOTA. — Les six variét s de l'émission 1872 sont réduites ici à quatre,
différentes des précédents. Le mot CEP. est toujours suivi d'un point.

6603	3 kop.	noir sur blanc	0.60
6604	3 —	*les 4 variétés*	2.00

PODOLSK

MOSCOU

Ville de district, 3.800 habitants. Située dans un pays, le plus peuplé de
la Russie. L'industrie y est largement développée, aussi la population
presque entière est-elle occupée dans les manufactures.

Émission de ... (antérieure à 1871).

D. Armoiries sur fond ligné verticalement et renfermé dans
un ovale portant inscription, chiffre à l'extérieur dans les
angles; C. sur B., percés en ligne; li-
thogr. 42 timbres à la feuille sur 7 rangées horizontales.

L : ЗЕМСКАЯ ПОЧТА ПОДОЛЬСКАГО УѢЗДА.
5 к.

PR : Ziemskaya potchta Podolskaho
ouyezda 5 kopieyek.

S : *Poste rurale du district de Podolsk,
5 kopecks.*

6700	5 kop.	vert jaune pâle	1.50
6701	5 —	vert jaune	0.75
6702	5 —	vert bleu pâle	0.75
6703	5 —	vert bleu	0.75

PSKOFF

(PSKOFF)

Sur la Welikaya, près du lac de Pskoff. Chef-lieu du gouvernement.
15,000 habitants. Ville bâtie en bois avec nombreuses et riches églises.
Fondée au xᵉ siècle, elle appartenait à la ligue des villes hanséatiques
et fut une république indépendante jusqu'à sa soumission à Wasili IV
en 1509. Son commerce était jadis très-florissant. Pskoff rivalisait avec
Novgorod. Le sol du gouvernement de Pskoff est peu fertile, mais bien
cultivé. Les principaux articles de commerce sont la cire, les cuirs et les
toiles.

Émission du 1ᵉʳ juillet 1871.

D. Armoiries dans un écu; autour, un ovale
avec inscription et aux quatre côtés du
losange un chiffre 5; C. sur B., typ.

L : ПСКОВСКАГО УѢЗДНАГО ЗЕМСТВА ПЯТЬ КОП.

PR : Pskowskaho ouyezdnaho ziemstwa piat
kop(ieyek).

S : *De l'assemblée rurale de Pskoff. Cinq
kopecks.*

6800	5 kop.	violet	1.25
6801	5 —	mauve vif	0.75
6802	5 —	mauve	0.75

On rencontre parfois des lettres en filigrane sur certains timbres :
marque de fabrique peut-être.

RIAZAN

(RIAZAN)

Sur l'Oka, confluent de la Wolga. 25,000 habitants. Ancienne capitale d'un
duché souverain, fondée par le grand-duc Wsiewolod-Yourewitsch. Elle
tomba ensuite sous la domination des grands-ducs de Moscou. L'agriculture et l'horticulture sont dans un état des plus florissants au midi

de ce gouvernement. Les pommes de Riazan sont connues de toute la Russie. Au nord le sol est marécageux, couvert de bois et rochers. Les foires de Riazan sont remarquables.

Émission de 1869 (?)

D. Double losange avec inscription et valeur au centre; C. sur B., lithogr. 26 timbres à la feuille.

L : РЯЗАНСКОЙ УѢЗДНОЙ ЗЕМСКОЙ УПРАВЫ — МАРКА СЕЛЬСКОЙ ПОЧТЫ 2 к. с.

PR : Riazanskoy ouyezd-noy ziemskoy ouprawy-marka sielskoy potchty. 2 k opiecyki) s(erebrom).

S : *De l'administration rurale de Riazan. Timbre de la poste villageoise. 2 kopecks argent.*

| 6900 | 2 kop. | bleu | 1.50 |

Émission de 1872.

D. Nouveau report semblable au précédent, mais ayant 56 timbres à la feuille et un certain nombre d'exemplaires renversés; C. sur B., lithogr.

L., PR. et S : *Voir plus haut.*

| 6901 | 2 kop. | bleu de Prusse | 1.50 |
| 6902 | 2 .. | *timbre renversé* | 3.50 |

Émission de 1873.

D. Inscription dans un carré; au centre, une autre inscription et la valeur; C. sur B. varié, typogr. 24 timbres à la feuille sur 6 rangées horizontales.

L : Même que la précédente, sauf le mot СЕЛЬСК. abrévié.
PR. et S : *Voir plus haut.*

Nota. — Il y a huit variétés sur deux rangées horizontales; la première rangée a le cadre intérieur formé d'un filet ondulé ; la deuxième a deux filets.

Papier blanc rosé mince.

6903	2 kop.	bleu-violet pâle.	0.40
6904	2 —	bleu-violet.	0.40
6905	2 —	*les 8 variétés.*	3.00
6906	2 —	*(timbre renversé).*	1.00

Papier blanc épais.

6907	2 kop.	bleu-violet pâle.	0.40
6908	2 —	bleu-violet.	0.40
6909	2 —	*les 8 variétés.*	3.00

TIMBRES-TAXE.

Émission de 1869 (?).

D. Type semblable à l'émission de timbres 1869. C. sur B., lithogr., feuilles de 20 timbres.

L., PR. et S. : *Voir type, timbres 1869.*

7000	2 kop.	noir.

Émission de 1872.

D. Semblable à l'émission de timbres même année, C. sur B.; lithogr.

L., PR. et S. : *Voir type, timbres 1872.*

7001	2 kop.	doré.
7002	2 —	*(timbre renversé.)*

Émission de 1873.

D. Conformes aux timbres de 1873, C. sur B., varié, typogr., feuilles de 24 timbres.

L., PR. et S. : *Voir type, timbres 1873.*

Papier blanc rosé mince.

7003	2 kop.	doré	0.40
7004	2 —	*(timbre renversé)*	1.00
7005	2 —	*les 8 variétés.*	3.00

Papier blanc épais.

7006	2 kop.	doré.	0.40
7007	2 —	*(timbre renversé)*	1.00
7008	2 —	*les 8 variétés.*	3.00

RJEFF

(TVER)

Sur la Volga. Ville très commerçante. Principaux articles : blé, chanvre, suif. Importante fabrique de papier à lettres. 19,000 habitants.

Émission de... (antérieure à 1871).

D. Armoiries dans un écu en couleur renfermées dans un rectangle avec inscription en lettres couleur. N. sur B., lithogr. 32 timbres à la feuille sur 4 rangées horizontales.

L : РЖЕВСКАЯ ЗЕМСКАЯ ПОЧТА. 2 КОП.

PR : Rjefskaya ziemskaya potchta 2 kop (ieyki).

S : *Poste rurale de Rjeff. 2 kopecks.*

7100　2 kop.　noir et rouge vermillon　1.00

Émission de 1872.

D. Même type, refait. Inscription en lettres blanches sur fond couleur. N. sur B. azuré; lithogr. 64 timbres à la feuille sur 8 rangées horizontales.

L., PR. et S : *Voir plus haut.*

7101　2 kop.　noir et rouge foncé.　0.60

Émission de 1874.

D. Même type, refait. Inscriptions en lettres blanches sur fond couleur. N. sur B.; lithogr. 40 timbres à la feuille sur 5 rangées horizontales.

L., PR. et S : *Voir plus haut.*

7102　2 kop.　noir et carmin foncé.　0.10

Le type représenté ici donne les couleurs héraldiques, le rouge étant annoncé par des lignes verticales.

ROSTOFF SUR LE DON

(EKATERINOSLAW)

Place fortifiée. S'appelait autrefois « fort de Saint-Démétrius. » 10,000 habitants, parmi lesquels beaucoup de Grecs et d'Arméniens. Siége de l'archevêque arménien. Filature de coton, tannerie. Le pâturage est la principale occupation des habitants de cette contrée. Le sol est fertile, les récoltes abondantes, mais la sauterelle détruit souvent le travail du laboureur. La masse est parfois tellement grande que les rayons du soleil ne parviennent pas à se faire jour et que le temps devient sombre comme à l'approche de l'orage. En pareil cas, on tire le canon, on fait retentir les cloches sans beaucoup de succès. En 1860, les sauterelles firent énormément de ravages : elles couvraient une surface de plus de quarante lieues de longueur. Les paysans prétendent qu'on lit, sur les ailes de cet insecte : *Punition de Dieu.*

Emission du 7 mai 1871.

D. Inscription dans un ovale renfermé dans un cadre rectangulaire; valeur aux angles; fond extérieur de l'ovale ligné verticalement. C. sur B., lithogr. 34 timbres à la feuille sur rangée horizontale de 5. La dernière ne porte que 4 timbres placés horizontalement.

L : ЗЕМСКАЯ ПОЧТОВАЯ МАРКА — ПЯТЬ КОП. РОСТОВЪ Н/Д.

PR : Ziemskaya potchtowaya marka piat kop (ieyek). Rostoff n (a) D (onou).

S : *Timbre-poste rural. Cinq kopecks. Rostoff sur le Don.*

7200	5 kop.	bleu terne.	
7201	5 —	bleu.	0.75
7202	5 —	bleu vif.	0.75
7203	5 —	*couché horizontalement*	2.00

SAPOJOK

(RIASAN)

Petite ville de district, de l'importance d'un village. Possède cependant une fabrique de coton et de draps.

Émission de ... (antérieure à 1871).

D. Armoiries avec couronne; cadre rectangulaire avec inscription et chiffres, C. sur B., lithogr. 30 timbres à la feuille par rangée horizontale de 5.

L : САПОЖКОВСК ЗЕМСК ПОЧТА 5 КОП.

PR : Sapojkowsk (aya) ziemsk (aya) potchta. 5 kop (ieyek).

S : *Poste rurale de Sapojok. 5 kopecks.*

7500	5 kop.	noir gris	0.75
7501	5 —	noir intense	0.75

SARATOFF

(SARATOFF)

Sur le Volga. 45.000 habitants; très-commerçante. Centre des échanges entre Moscou et Astrakhan. Aux environs, mines d'alun; culture de mûriers. Bâtie en 1594 sur la rive gauche du Volga, elle fut détruite en 1774 par un incendie et reconstruite sur la rive droite du fleuve. Le sol de ce gouvernement est très-fertile. Dans la partie SE. sont des steppes immenses inhabités. Les colons allemands commencent à s'y établir. La terre n'a aucune valeur et ne donne point de revenu. Le lac salin Elton est une mine d'or pour les habitants du gouvernement de Saratoff : on exporte environ 180,000,000 de kilogrammes de sel par an.

Émission de 1869.

D. Armoiries dans un ovale portant inscription et millésime

1869; dans les angles, un chiffre. Ces timbres sont numérotés en rouge, à la plume. C. sur pelure B.

L : САРАТОВСКОЙ ЗЕМСКОЙ ПОЧТЫ МАРКА. 1869. 5 к.

PR : Saratofskoy ziemskoy potchty marka 1869 5 k (opicyek).

S : *Timbre de la poste rurale de Saratoff. 1869. 5 kopecks.*

7600   5 kop.   bleu.

On ne connaît pas de timbre au millésime 1870, mais il est probable qu'il existe.

Émission de 1871.

D. Timbre semblable, mais portant le millésime 1871. C. sur pelure B., surcharge rouge.

L., etc. *Voir le précédent.*

7602   5 kop.   bleu   1.00
7603   5 —   bleu vif.

Même observation pour les timbres de 1872 et 1873 que pour ceux de 1870.

Émission de 1874.

D. Semblable au précédent, mais différent par les détails, le type ayant été refait. Millésime 1874. C. sur pelure B. 20 timbres à la feuille sur 2 rangées horizontales.

L., etc. *Voir émission 1869.*

Surcharge rouge.

7606   5 kop.   bleu très-foncé.
7607   5 —   bleu.

Il existe une variété ayant un point blanc au milieu du cadre supérieur : elle se trouve en dernier sur chaque feuille.

Avec point blanc, surcharge rouge.

7608   5 kop.   bleu.

Les mêmes, surcharge noire.

7609   5 kop.   bleu   1.50

Avec point blanc, surcharge noire.

7610   5 kop.   bleu.

SCHADRINSK

(PERM)

Connue par ses foires de fourrures précieuses, telles que renard polaire, zibeline et autres. Les paysans du district de Schadrinsk fabriquent des tasses en bois recouvertes de couleurs et de laque, connues par toute la Russie par leur solidité et leur utilité, dans les petits ménages surtout. Ces couleurs sont toujours les mêmes : rouge vif, or et noir sur fond brun ; le dessin en est des plus originaux. Il n'y a pas moins de cent établissements de tourneurs de ces tasses dans le district, exportant 60,000 pièces par an et pour une somme de 42,000 roubles argent.

Émission de 1871 (?).

D. Armoiries (renard) dans un ovale avec inscription: dans les angles un chiffre; fond extérieur de l'ovale ligné et valeur en dessous. C. sur B., lithogr.

L : ШАДРИНСКОЙ ЗЕМСКОЙ ПОЧТЫ. 5 КОПЬЕКЪ.

PR : *Schadrinskoy ziemskoy potchty. 5 kopieyek.*

S : *De la poste rurale de Schadrinsk 5 kopecks.*

7700   5 kop.   bleu.

Émission de 1873.

D. Même timbre. C. sur B. azuré, satiné, lithogr. 70 timbres à la feuille sur 7 rangées horizontales.

L., PR. et S. : *Voir plus haut.*

7701   5 kop.   noir   1.25

Émission de 1874.

D. Semblable au précédent. C. sur B. azuré, satiné, lithogr. 81 timbres à la feuille sur neuf rangées.

L., PR. et S. : *Voir plus haut.*

7702   5 kop.   rose.   1.00
7703   5 —   rose pâle.   1.00

1875. Le même, C. sur B. jaunâtre.

7704   5 kop.   rose   1.00

Ces changements de couleur n'ont aucune importance aux yeux de
l'administration des postes, qui ne comprend même pas qu'un fait aussi
insignifiant soit remarqué.

SCHATZK

(TAMBOFF)

Petite ville de district. Le gouvernement de Tamboff produit une quantité
considérable de miel, l'apiculture étant générale. Voilà le motif pour
lequel nous rencontrons des ruches d'abeilles sur les armoiries des
timbres du gouvernement de Tamboff.

Émission de... (antérieure à 1871).

D. Armoiries dans un écu avec inscription
en forme de fer à cheval, dans un cadre
rectangulaire, C. sur B., lithogr.

L : ШАЦКОЙ УѢЗДНОЙ ЗЕМСКОЙ УПРАВЫ ЦѢНА
3 к.

PR : Schatzkoy ouyezdnoy ziemskoy ouprawy
marka tziéna 3 k (opieyki).

S : *De l'administration rurale du district de*
Schatzk. Prix 3 kopecks.

7800   3 kop.   noir.

Émission de 1874.

D. Même type, refait. L'inscription touche
le cadre supérieur au lieu d'être à 2 millimètres comme au type précédent; le mot
MAPKA est plus petit; 3 к. a la tête arrondie
et est suivi d'un point; il y a en dessous
deux petites lignes ondulées. 45 timbres par
feuilles sur 5 rangées horizontales.

L., PR. et S : *Voir plus haut.*

7801   3 kop.   noir gris   0.75
7802   3 —   noir intense   0.75

Même émission.

D. Type semblable aux précédents, mais différant encore par les détails. Inscriptions beaucoup plus petites, avec 5 к. suivi d'un point, mais sans lignes ondulées en dessous. C. sur B jaunâtre. 53 timbres à la feuille. 6 rangées horizontales de 8 timbres et une (la dernière) avec 5 timbres couchés horizontalement.

L., PR. et S : *Voir plus haut.*

7803	5 kop.	noir gris	1.00
7804	5 —	noir intense	1.00
7805	5 —	(*couché horizontalement*)	3.00

SCHLUSSELBOURG

(SAINT-PÉTERSBOURG)

Forteresse sur le lac Ladoga et la Néva. Prison d'État où fut détenu le czar Ivan Antonowitsch.

Émission de septembre 1865.

D. Clef et chiffre cinq au milieu d'un ovale avec inscription; cadre rectangulaire, chiffres aux angles. N. sur C. La clef représentée sur le timbre fait allusion au nom de la ville : *Schlussel*, mot allemand qui veut dire clef.

L : ШЛИССЕЛЬБУРГСКАЯ ЗЕМСКАЯ ПОЧТА. 5 к.

PR: Schlusselbourgskaya ziemskaya potchta. 5 kop (ieyek).

S : *Poste rurale de Schlüsselbourg. 5 kopecks.*

7900	5 kop.	vert jaune	1.00
7901	5 —	vert bleu	1.00

Cette poste a été supprimée en 1866.

SKOPIN

(RIASAN)

Petite ville de district. Production de toiles Les habitants sont la plupart laboureurs.

Émission de ... (antérieure à 1871).

D. Armes et écu avec inscription en forme de fer à cheval, à l'intérieur; cadre rectangulaire avec chiffres aux angles. C. sur B , lithogr.; 118 timbres à la feuille par rangée horizontale de 11; la dernière n'a que 8 timbres placés horizontalement.

L : СКОПИНСКАЯ ЗЕМСКАЯ ПОЧТА. 3 КОП.
PR : Skopinskaya zemskaya potchta. 3 kop (icyki).
S : *Poste rurale de Skopin. 3 kopecks.*

8000	3 kop.	bleu	0.60
8001	3 —	bleu pâle	0.60

SOUMY

(CHARKOFF)

Sur la Souma, 45,000 habitants. N'était qu'un village insignifiant au XVIIme siècle, appartenant à un certain Kondratief. Situé dans la forêt, il servait de lieu de repos aux chasseurs. C'était là où ils se débarrassaient de leurs sacs, gibernes, сумы (Soumy) pour les suspendre aux arbres. Devint par la suite un bourg, qui, en se développant, forma une des villes les plus importantes du gouvernement. Le sac représenté sur les timbres n'est donc pas un rébus, car il rappelle les armes du district et de la ville. Dans le district, il y a 30 sucreries.

Émission de 1869.

D. Armoiries (sac) dans un double cercle festonné à l'exté-

rieur, avec inscription et croix de Saint-André en haut; fond extérieur burelé; cadre rectangulaire, C. sur B., feuilles de 25 timbres sur cinq rangées horizontales.

L : СУМСКАЯ ЗЕМСКАЯ ПОЧТА. 1, 2 ou 3 к.

PR : Soumskaya ziemskaya potchta, 1, 2, 3 k (opieyki).

S. : *Poste rurale de Soumy. 1. 2. 3 kopecks.*

NOTA. — Soumka, mot russe, se traduit par « sac à transporter les lettres »; de là, le sac représenté sur le timbre et faisant allusion au nom de la ville.

8100	1 kop.	bleu.	
8101	2 —	vert foncé.	2.00
8102	2 —	vert pâle.	1.25
8103	2 —	vert jaune pâle.	1.25
8104	2 —	vert jaune vif.	1.25
8105	2 —	vert pré.	1.25
8106	3 —	rouge vermillon pâle	10.00
8107	3	rouge vermillon vif.	

Émission de 1870 (?).

D. Timbre semblable au précédent, avec surcharge d'un chiffre 5 à l'encre rouge sur la valeur. C. sur B.

L., PR. et S. : *Voir plus haut.*

8108	5 kop.	bleu et rouge.	

Émission de 1871.

D. Type semblable aux précédents, mais refait. Les inscriptions et chiffres sont plus petits. Il y a une petite croix dans le cercle qui est uni; le cadre extérieur a la ligne plus épaisse. C. sur pap. teinté azuré. Feuille de 50 timbres par rangée horizontale de 10.

L., PR. et S. : *Voir plus haut.*

8109	5 kop.	rouge.	1.00
8110	5 —	rouge vif.	1.00

Émission de 1872.

D. Timbres semblables, avec valeur changée à la plume. C. sur teinté azuré.

L., PR. et S. : *Voir plus haut.*

8111	6 kop.	rouge, surcharge rouge.	1.00
8112	6 —	— —	noire.	1.00

SYZRAN

(SIMBIRSK)

Ville de district sur le Volga. 13,000 habitants. Commerce considérable de blé. Fabrication de couperose. Mines de fer, soufre, plâtre. Le gouvernement de Simbirsk se compose de vastes plaines inhabitées qui forment d'excellents pâturages pour les nombreux troupeaux de bétail et de brebis. Il y a des endroits où la population (surtout les colons allemands) s'occupe d'agriculture, ce qui leur procure des revenus considérables, le sol presque vierge, nécessitant peu de travail. La population est composée de Russes, Tartares, Tscheremiss, Tschouvaches, Kalmouks, Perses, Arméniens et Allemands.

Émission de 1873 (?).

ЗЕМСК.
ПОЧТОВАЯ
МАРКА
5 К.
СЫЗР.УѢЗ

D. Inscription dans un cadre rectangulaire, C. sur papier C.

L : земск. почтовая марка. 5 к. сызр. уѣз.

PR : Ziemsk (aya) potchtowaya marka 5 k (opieyek) Syzran (skaho) ouyez (da).

S : *Timbre-poste rural, 5 kopecks, du district de Syzran.*

8200	5 kop.	bleu sur solferino	2.00

Variété.

Premières lettres et chiffre de chaque ligne répétés à gauche.

8201	55 kop.	bleu sur solferino.

Cette poste a cessé de fonctionner en 1874.

TAMBOFF

(TAMBOFF)

Chef-lieu de gouvernement sur la Tzna. 26,000 habitants. Manufactures d'alun et de vitriol. Commerce actif de cuirs, laines, viandes. Mines de fer. Tamboff fut fondée par le czar Michel Romanof en 1626. Le gouvernement de Tamboff produit beaucoup de grains. Les habitants s'occupent d'horticulture et d'apiculture. Une singularité à noter, c'est l'abondance prodigieuse de cantharides qui y forment un article de commerce avec la cochenille.

Émission de ... (antérieure à 1871).

D. Armoiries dans un petit ovale avec inscription et chiffres aux angles; C. sur B., lithogr., 100 timbres à la feuille sur 10 rangées.

L : ТАМБОВ. УѢЗДН. ЗЕМСК. УПРАВЫ ЦѢНА 3 К. С.
PR : Tambow (skaya) ouyezdn (aya) ziemsk (aya) ouprawa tziena 3 k (opieyki) s (erebrom).
S : *Administration rurale du district de Tamboff Prix 3 kopecks argent.*

| 8300 | 3 kop. | noir gris | 0.75 |
| 8301 | 3 — | noir intense. | 0.75 |

Émission de 1872 (?).

D. Mêmes armoiries que le précédent, mais dans un cercle avec fond ligné; C. sur B., lithogr.

L : ТАМБОВ. УѢЗДН. ЗЕМСК. УПРАВЫ МАРКА Ц 5 К.

PR : Tambow (skoy) ouyezdn (oy) ziemsk (oy) ouprawy marka tz (iena) 5 k (opieyki).
S : *De l'administration rurale du district de Tamboff. Prix 5 kopecks.*

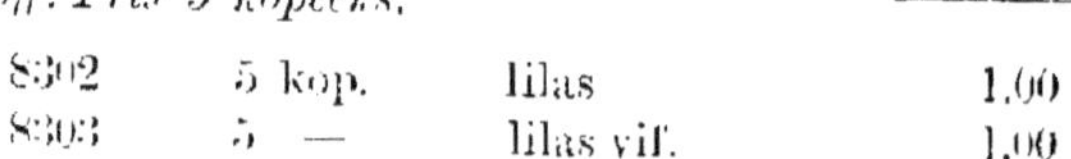

| 8302 | 5 kop. | lilas | 1.00 |
| 8303 | 5 — | lilas vif. | 1.00 |

TICHVIN

(NOVGOROD)

Ville de district peu remarquable; fondée en 1773. Près de cette ville
se trouve le canal de Tichvin joignant deux rivières navigables : le
Syaje et le Volga. Ce canal sert donc de point de jonction entre la mer
Caspienne et la Baltique. Il a été terminé en 1805 et contribue beaucoup
au développement du commerce.

Émission de ... (antérieure à 1871).

D. Inscription dans un cadre oblong, sans indication de
valeur. C. sur B. épais. 10 timbres sur bande : trois à chaque
extrémité placés dans le sens vertical, et quatre au milieu dans
le sens ordinaire, horizontal.

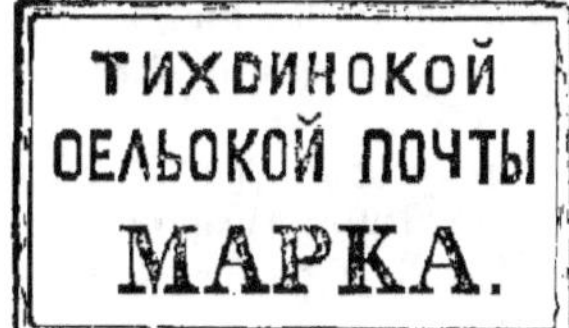

L. ТИХВИНСКОЙ СЕЛЬСКОЙ ПОЧТЫ
МАРКА.

PR. : Tichwinskoy sielskoy potchty marka.

S : *Timbre de la poste villageoise
de Tichvin.*

8400	rouge pâle.	(5 kop.)	1.25
8401	rouge.	„	1.25
8402	rouge (*timbre renversé*).	„	2.50

Émission de... (antérieure à 1874).

D. Chiffre dans un ovale portant inscription.
C. sur B., lithogr.

L. : СЕЛЬСКОЙ ПОЧТЫ МАРКА 5 КОПѢЕКЪ.

PR. : Sielskoy potchty marka, 5 kopieyek.

S. : *Timbre de la poste rurale, 5 kopecks.*

8403	5 kop.	bleu foncé.

Émission de 1871.

D. Valeur en chiffres au centre d'un ovale portant inscription. C. sur B., lithogr. 15 timbres à la feuille sur trois rangées horizontales et formant autant de variétés.

L. : СЕЛЬСКОЙ ПОЧТЫ МАРКА. 5 КОП.
PR. : Sielskoy potchty marka, 5 kop (icyck).
S. : *Timbre de la poste rurale, 5 kopecks.*

PARTICULARITÉS DES QUINZE VARIÉTÉS. — Le premier mot de la légende est écrit sur tous les timbres avec la troisième lettre renversée, la quatrième est omise aux 4, 12, 13 et 15e timbres; elle est renversée sur tous les autres, sauf au premier où l'on trouve un C; la dernière lettre figure comme N sur la plupart des timbres, et la lettre E est tournée à gauche au 12e.

Le mot MAPKA est écrit AKPAM sur tous les timbres, sauf au 13e où il est écrit MAPKA.

Enfin, le troisième mot a partout ses lettres retournées, sauf au treizième timbre; les deuxième et onzième n'ont pas les deux dernières lettres.

On pourrait admettre que la lecture du mot СЕЛЬСКОЙ doit être lue en renversant le timbre et de droite à gauche; les lettres manquantes indiquées se trouveraient pareillement faire défaut. Il en est de même des mots MAPKA et ПОЧТЫ qu'il faut lire de droite à gauche à l'inverse de ce qui se fait habituellement; pour le dernier mot, le 13e timbre seul présente les lettres du mot dans leur position naturelle.

8404	5 kop.	bleu pâle	1.00
8405	5 —	bleu	1.00
8406	5 —	bleu vif	1.00
8407	5 —	bleu foncé	1.00
8408	5 —	bleu noir	1.00
8409	5 ·	indigo	1.00
8410	5 —	*les 15 variétés.* 15.00

TIRASPOL

(CHERSON)

Sur le Dniester, ville de district. Habitée en grande partie par les Arméniens. 4,000 habitants. Commerce de blé, cuirs et fromages. La partie sud du gouvernement de Cherson, située près de la mer Noire, a un sol ferrugineux qui ne produit que des plantes salines et noirâtres

Émission de 1873.

D. Inscription dans un double cercle portant également une inscription. C. sur B., lithogr. 48 timbres à la feuille sur huit rangées horizontales.

L : ТИРАСПОЛЬСКАЯ УѢЗДНАЯ ЗЕМСКАЯ УПРАВА. — МАРКА ДЛЯ ЧАСТНЫХЪ ПАКЕТОВЪ И ПИСЕМЪ 5 КОП.

PR : Tiraspolskaya ouyezdnaya ziemskaya ouprawa marka dlia tchastnych pakietof i pisiem 5 kop (ieyck).

S : *L'administration rurale du district de Tiraspol. — Timbre pour enveloppes, paquets et lettres privées. 5 kopecks.*

NOTA. — ПАКЕТОВЪ veut tout aussi bien dire enveloppe que paquet.

8500	5 kop.	bleu pâle	0.75
8501	5 —	bleu	0.75
8502	5 —	bleu vit	0.75

TOROPETZ

(PSKOFF)

Sur la Toropa, affluent de la Dwina. Grand commerce de chanvre, grains.

lin, marchandises coloniales. Cette ville formait au XIIe siècle une petite
république indépendante. 12.000 habitants.

ENVELOPPES.

Émission de ... (antérieure à 1871).

D. Armoiries dans un carré avec inscription et coins coupés, sans indication
de valeur. Le format indique le prix.
Imp. C.

L : ТОРОПЕЦКОЙ СЕЛЬСКОЙ ПОЧТЫ.

PR : Toropetzkoy sielskoy potchty.

S : *De la poste villageoise de Toropetz.*

Papier vergé blanc.

(Format 14 1/2 sur 11 centimètres).

Estampille sur la patte de fermeture

8600	noir gris	(6 kop.) (dont 1 pour l'enveloppe).	2.00
8601	noir intense	— —	2.00

Estampille renversée sur la patte de fermeture.

8602	noir	(6 kop.)
8603	bleu	—

Estampille sur la patte inférieure.

8604	noir	(6 kop.)

Papier gris verdâtre uni.

(Format 11 1/2 sur 18 centimètres).

Estampille sur la patte de fermeture.

8605	noir	(11 kop.) (dont 1 pour l'enveloppe).	3.00

Estampille renversée sur la patte de fermeture.

8606	noir	(11 kop.)

Papier gris-brun uni.

8607	noir	(11 kop.)

Les enveloppes à 11 kop. sont découpées aux ciseaux.

TOULA

(TOULA)

Chef-lieu de gouvernement. 55,000 habitants. Industrie active : soieries, savonnerie, chapeaux, acier, fabriques de bassins en cuivre et des Samowars (machines à bouillir l'eau pour le thé), article indispensable et d'un usage général. Grande manufacture impériale d'armes créée en 1712 par Pierre-le-Grand ; occupe 4,600 ouvriers. Il se trouve à Toula plus de 600 maréchaux ferrants. Fondée en 1509, Toula fut souvent prise et ravagée au XVIme siècle. Sa prospérité date de 1613. Sol plat et bien cultivé.

ENVELOPPES.

Émission de 1873 (?)

D. Armoiries et couronne avec inscription dans un cercle, imp. en relief sur la patte de fermeture et sur papier varié ; timbre humide oblong avec inscription frappée sur la patte infé-

rieure. Les armoiries représentent les industries de la ville.

L. : ТУЛЬСКОЙ УѢЗДНОЙ ЗЕМСКОЙ УПРАВЫ ПЕЧАТЬ.

Timbre humide : ЗЕМСКАЯ ПОЧТА ПЛАТА 5ю КОП.

PR. : Toulskoy Ouyezdnoy Ziemskoy Ouprawy Petchat'.

Ziemskaya Potchta plata 5 (piatiu) kopi (eykami).

S. : *Cachet de l'administration rurale du district de Toula.*

Poste rurale, payement de (au moyen de) 5 kopecks.

Papier uni, gris verdâtre.

(Format 12 sur 19 centimètres.)

8700   5 kop.   blanc et bleu.   1.00

(Format 11 1/2 sur 18 centimètres.)

| 8701 | 5 kop. | blanc et bleu. | 1.00 |
| 8702 | 5 — | — et vert russe. | 2.00 |

Papier blanc uni.

| 8703 | 5 kop. | blanc et bleu. | 1.00 |

Papier blanc uni, satiné.

(Format 11 sur 14 centimètres.)

| 8704 | 5 kop. | blanc et bleu. | |

Papier blanc vergé, satiné.

| 8705 | 5 kop. | blanc et bleu. | 1.00 |

Papier blanc mince vergé, satiné.

| 8706 | 5 kop. | blanc et bleu. | |

Papier blanc rosé vergé.

| 8707 | 5 kop. | blanc et bleu. | |

(Format 8 sur 14 centimètres.)

Papier blanc vergé.

| 8708 | 5 kop. | blanc et bleu. | 1.00 |

Papier blanc-rosé vergé.

| 8709 | 5 kop. | blanc et bleu. | 1.00 |

Papier blanc vergé.

(Format 6 1/2 sur 14 centimètres.)

| 8710 | 5 kop. | blanc et bleu. | |

TSCHERN

(TOULA)

Petite ville agricole insignifiante.

Émission de … (antérieure à 1871).

D. Armoiries et couronne, cadre rectangulaire avec inscription, C. sur B. uni épais jaunâtre. Imprimé avec un timbre à main.

L : ЧЕРНСКАЯ ЗЕМСКАЯ ПОЧТА. 3 К. С.

PR : Tschernskaya ziemskaya potchta 3 k (opieyki) s (erebrom).

S : *Poste rurale de Tschern. 3 kopecks argent.*

8800	3 kop.	bleu verdâtre.
8801	3 —	noir (?)

Émission de 1873.

D. Même type que le précédent, C. sur B., quadrillé large. 30 timbres par feuille, rangée horizontale de 5.

L., etc. *Voir plus haut.*

8802	3 kop.	bleu (?)	
8803	3 —	noir intense	1.25
8804	3 —	noir gris	1.25

Émission de 1874 ou 1875.

D. Semblables aux précédents, C. sur B. rosé, petit quadrillé. Les feuilles portent 40 timbres bleus et 40 timbres noirs ; rangées horizontales de huit.

L., etc. *Voir plus haut.*

8805	3 kop.	bleu		1.00
8806	3 —	noir		1.00
8807	3 —	bleu	se tenant	3.00
	3 —	noir		

TSCHEMBAR

(PENZA)

Chef-lieu de district du même nom. Situé sur la rivière Maly ; 2,770 habitants. Commerce de blé, cire et miel. Les armoiries ont sans doute rapport à l'horticulture qui y est très-développée.

Émission du 1er mai 1874.

D. Armoiries dans un double ovale portant inscription et surmonté d'une couronne; en dessous, la valeur en toutes lettres dans les angles, en chiffres; le fond est imprimé en couleur. C. sur B., lithogr. Feuilles de 20 timbres par rangée verticale de quatre.

L. : ЗЕМСКАЯ МАРКА ЧЕМБАРСКУЬЗ. ПЯТЬ КОП.

PR. : Ziemskaya marka Tschembarsk (aho Ouyez (da) Piat' kop (ieyek).

S. : *Timbre-poste rural du district de Tschembar, 5 kopecks.*

| 8875 | 5 kop. | noir et vert. | 1.00 |
| 8876 | 5 — | — et vert vif. | 1.00 |

TSCHEREPOWETZ

(NOVGOROD)

Ville de district, sur la Cheksna ; 5,000 habitants. Sa position géographique est des plus favorables pour le commerce et l'industrie. Liée par les réseaux de chemins de fer à Saint-Pétersbourg et Moscou, et par la Cheksna, navigable sur toute son étendue, a la Volga, Tscherepowetz importe et exporte des marchandises pour des millions de roubles. La fabrication de clous occupe, dans le district, 14,000 familles de paysans. Le produit annuel est évalué à 1,800,000 roubles. Tscherepowetz possède, en outre, deux banques, une école technique, un gymnase, un séminaire et quatre autres établissements d'instruction primaire. On compte dans le district 686 différentes fabriques.

Émission de 1869.

D. Chiffre dans un petit ovale avec cadre rectangulaire aux coins échancrés avec valeur; inscription en haut et en bas. 15 timbres à la feuille sur 3 rangées horizontales, C. sur B., lithogr.

L : ЧЕРЕПОВСКАЯ ЗЕМСКАЯ ПОЧТА 3 к. (en caractères slaves).

PR : Tscherepowskaya ziemskaya potchta 3 k (opieyki).

S : *Poste rurale de Tscherepowetz. 3 kopecks.*

8900	3 kop.	bleu foncé	0.75
8901	3 —	bleu	0.75
8902	3 —	bleu pâle	0.75

1874. *Papier blanc rosé.*

8903	3 kop.	bleu pâle	0.75

TVER

(TVER)

Chef-lieu de gouvernement sur la Volga. Très-commerçante et industrielle; beaucoup de beaux édifices. 47,000 habitants.

Émission de 1871 (?).

D. Inscription en lettres blanches dans un double cercle; valeur au centre, imprimée en bleu et après coup. C. sur B. jaunâtre. 12 timbres à la feuille sur 3 rangées horizontales.

L : ТВЕРСКАЯ ЗЕМСКАЯ ПОЧТА. 2 к.

PR : Twerskaya ziemskaya pochta 2 k (opieyki).

S : *Poste rurale de Tver. 2 kopecks.*

9000	2 kop.	bleu et rose pâle	0.50
9001	2 —	bleu et rose vif	0.50
9002	2 —	bleu vif et rose pâle	0.50
9003	2 —	bleu vif et rose vif	0.50

L'application de la valeur étant irrégulière, donne des chiffres placés de différentes façons.

9004	2 kop.	chiffre à gauche	0.50
9005	2 —	chiffre à droite	0.50
9006	2 —	chiffre renversé	0.50

Émission de (?).

D. Semblable aux précédents, mais avec l'impression noire au lieu de bleue.

L., PR et S : *Voir plus haut.*

| 9007 | 2 kop. | noir et rose | |

On ignore si ce timbre a été accidentellement imprimé en noir ou s'il est antérieur aux timbres bleus. Consultée à ce sujet, l'administration des postes a répondu que les timbres n'avaient jamais varié de couleur.

VALDAY

(N O V G O R O D)

Sur le lac du même nom. Savonnerie, tannerie, commerce actif. 4,000 habitants. Dans le district de Valday se trouve une chaîne de montagnes qui forme la limite entre le bassin de la mer Baltique et celui de la mer Noire.

Émission de ... (antérieure à 1871).

D. Armoiries dans un rectangle avec inscription. N. sur C. Feuilles de 15 timbres sur trois rangées verticales.

L : ВАЛДАЙСКОЙ УБЗДНОЙ ЗЕМ УПРАВЫ. 2 к. с

PR : Waldayskoy ouyezdnoy ziem (skoy) ouprawy; 2 k (opieyki s (erebrom).

S : *De l'administration rurale de Valday. 2 kopecks argent.*

| 9100 | 2 kop. | lilas | 0.50 |

WASSIL

(NIJNI-NOVGOROD)

Sur le Volga. Ville commerçante peuplée par les Russes, Tartares. Tche-
remiss et Mordva (race finnoise) qui s'occupent d'horticulture, de navigation et de commerce.

Émission de ... (antérieure à 1871).

D. Armoiries dans un cercle avec inscription et valeur en haut, imprimé
en relief sur B. varié. Bandes de
17 timbres.

L : ВАСИЛЬСКОЙ ЗЕМСКОЙ ПОЧТЫ. **5 к.**

PR : Wassilskoy ziemskoy potchty 5 k
(opieyek).

S : *Poste rurale de Wassil. 5 kopecks.*

9200	5 kop.	blanc jaunâtre	0.60
9201	5 —	blanc mat	0.60

WERCHNIE-DNIEPROWSK

(EKATERINOSLAW)

Sur le Dnieper. Petite ville de district.

Émission de 1866.

D. Chiffre valeur dans un carré orné avec inscription. C. sur
B. vergé, typogr. Feuilles de trois timbres
formant autant de variétés.

L : ВЕРХНЕДНѢПР. УѢЗДНОЙ СЕЛЬСКОЙ ПОЧТИ.
4 коп.

PR : Werchniedniepr (owskoy) ouyezdnoy
sielskoy potchti. 4 kop (ieyki).

S : *De la poste villageoise de Werchnie-
Dnieprowsk. 4 kopecks.*

Nota. Le mot ПОЧТП. est écrit fautivement.

Différences entre les trois variétés :

1re *variété.* Кор. suivi d'un gros point. Dessin régulier aux angles avec fer de lance dirigé vers l'intérieur. L'inscription de droite est à 2 1/2 millimètres du cadre supérieur; le filet extérieur de droite est en trois parties.

2e *variété.* Кор. est suivi d'un petit point. Même régularité qu'à la 1re variété pour le dessin des angles. L'inscription de droite est à 4 millimètres environ du cadre supérieur; le filet extérieur de droite est en deux parties.

3e *variété.* Кор. est suivi d'un petit rectangle au lieu d'un point. Le dessin de l'angle inférieur droit est dirigé vers le bas (voir le type). L'inscription de droite est à 4 millimètres environ du cadre supérieur ; le filet de gauche est en deux parties contrairement aux deux précédentes variétés qui l'ont en entier.

9300	4 kop.	noir.
9301	4 —	*les 3 variétés.*

Émission du 30 mai 1873.

D. Double ovale avec inscription et valeur au centre, C. sur B. vergé horizontalement, lithogr. Feuilles de deux rangées horizontales de dix timbres.

L : ВЕРХНЕДНѢПР. УѢЗДНОЙ СЕЛЬСКОЙ ПОЧТЫ. 4 КОП. (un point).

PR : Werchniedniepr owskoy) ouyezdnoy sielskoy potchty, 4 kop (ieyki).

S : *De la poste rurale du district de Werchnie-Dnieprowsk. 4 kopecks.*

9302	4 kop.	bleu	1.25
9303	4 —	bleu vif	1.25

Émission de 1874.

D : Même timbre que le précédent; légende modifiée; C. sur B. vergé verticalement; lithogr. On a ajouté une inscription en relief.

L : ВЕРХНЕДНѢПР. УѢЗДНОЙ ЗЕМСКОЙ ПОЧТЫ. 1 КОП :(deux points) L. en relief : УПРАВА.

PR : Werchniedniepr (owskoy) ouyezdnoy ziemskoy potchty. 1 kopieyki : — Ouprawa.

S : *De la poste rurale du district de Werchnie-Dnieprowsk.*
4 kopecks. — Administration.

9304	4 kop.	bleu	0.75
9305	4 —	bleu vif	0.75
9306	4 —	bleu terne	0.75

Émission de 1875.

D. Même type que le précédent, C sur B uni, sans inscription
en relief. 36 timbres à la feuille sur trois rangées verticales.

L. PR. et S : *Voir plus haut.*

9307	4 kop.	bleu	0.75
9308	4 —	bleu terne	0.75

WESSIEGONSK

(TVER)

Sur la Mologa. 3,000 habitants, parmi lesquels beaucoup de serruriers.
Le district de Wessiegonsk est peuplé en partie par les Korels : on en
compte 14,000.

Émission de 1870 (?)

D. Armoiries dans un petit rectangle avec inscription au
dessus et en dessous. C. sur B., lithogr. Feuilles de 4 rangées
horizontales contenant 60 timbres pour les 1/2, 2 et 5 kop, et
28 pour les 1 kop.

L. : МАРКА ВЕСЬЕГОНСКОЙ ЗЕМСКОЙ ПОЧТЫ. ЦѢНА
1/2 (1, 2, 5) коп. с. в у 3 у.
PR. : Marka Wessiegonskoy ziemskoy potchty.
tziena 1/2 (1, 2, 5) kop (ieyck) S (erebrom)
W (essiegonskaya) ou (ierzdnaya) Z (iemskaya) Ou (prawa).
S. : *Timbre de la poste rurale de Wessiegonsk.*
Prix 12 (1, 2, 5) kopecks argent. Administration rurale du
district de Wessiegonsk.

9400	1 2 kop.	roux pâle.	0.20
9401	1/2 —	roux.	0.20
9402	1 —	vert-jaune pâle.	0.40
9403	1 —	— vif.	0.40
9404	2 —	bleu.	0.60
9405	2 —	bleu terne.	0.60
9406	5	rouge.	1.00
9407	5	carmin.	1.00

Un mauvais report donne parfois des exemplaires du 1 kop. avec le mot KOR.

9408	1 kop.	vert-jaune.	1.00

Émission de juillet 1873.

D. Armoiries dans un écu renfermé dans un ovale avec inscription autour et à l'intérieur de l'ovale. N. sur B., lithogr. Le bord extérieur de l'ovale et le centre sont en couleur. Timbre découpé en ovale à l'emporte-pièce.

L. : ВЕСЬЕГОНСКАЯ ЗЕМСКАЯ ПОЧТА ТВЕРСКОЙ ГУБЕРНІИ — МАРКА 1870г цѣна 1/2, 1, 5, коп.

PR. : Wessiegonskaya Ziemskaya Potchta — Twerskoy Goubernii Marka 1870 g (oda). tziena 1/2, 1, 5 kop (ieyek).

S : *Poste rurale de Wessiegonsk. — Gouvernement de Tver. Timbre 1870 année, prix : 1,2 (1, 5) kopecks.*

9409	1/2 kop.	jaune pâle.	0.15
9410	1/2 —	jaune.	0.15
9411	1/2 —	jaune-orange.	0.15
9412	1 —	vert.	0.25
9413	1 —	vert pâle.	0.25
9414	5 —	carmin.	0.60

WOLTCHANSK

(CHARKOFF)

Petite ville de district tirant son nom du mot *wolk*, loup.

Émission de 1872.

D. Armoiries (loup) dans un losange avec inscription et valeur aux quatre côtés, imprimé en trois couleurs sur B., lithogr. Les lettres du cadre sont blanches sur fond rouge, les chiffres, les inscriptions du losange et le loup sont noirs sur fond jaune. 18 timbres à la feuille sur 6 rangées horizontales.

L : ЗЕМСКАЯ ПОЧТА ВОЛЧАНСКА-ГО УѢЗДА. — ЦѢНА 5 К.

PR : Ziemskaya potchta Woltchanskaho ouyezda—tziena 5 k (opieyek).

S : *Poste rurale du district de Woltchansk — prix 5 kopecks.*

9500   5 kop.   noir, jaune et rouge   0.75

Les armes du district de Woltchansk présentent un loup sur fond bleu. Nous devons donc nous attendre à une rectification de couleur, le timbre étant jaune.

ENVELOPPES.

Émission de 1868.

D. Valeur dans un double cercle avec inscription, C. sur B. vergé, estampille à la patte de fermeture.

L. КУВЕРТЪ ВОЛЧАНСКОЙ УѢЗД ЗЕМСК. УПРАВЫ. ЦѢНА 5 КОП.

PR : Couverte Wolchanskoy ouyed (noy) Ziemsk (oy) Oupawy Tziéna 5 kop (ieyek).

S. *Enveloppe de l'administration rurale de Woltchansk. Prix 5 kopecks.*

(Format 14 sur 8 centimètres.)

| 9600 | 5 kop. | noir. | 1.50 |
| 9601 | 5 — | bleu. | 1.50 |

Cette enveloppe n'est plus en usage. Elle a été supprimée et remplacée en 1872 par le timbre poste même valeur, à cause des abus commis par les petits employés de poste qui réunissaient plusieurs lettres en une enveloppe, après avoir reçu le montant de chacune d'elles.

ADDITIONS

(SURVENU PENDANT L'IMPRESSION DU VOLUME)

GLASOF

(VIATKA)

Ville de district. Les habitants s'occupent principalement du commerce de blé, lin, suif, miel, etc. L'écusson de la ville présente un œil ouvert, à cause de son nom sans doute. Глазъ (Glaz) en russe, signifie œil, de là Глазовъ (Glasof).

(Émission de ... (antérieure à 1875).

D. Chiffre valeur dans un ovale oblong contenant une inscription; dans les angles, un chiffre. L'espace compris entre le cadre extérieur et l'ovale est moucheté. C. sur B., lithogr. 32 timbres à la feuille sur 4 rangées verticales.

L : ПОЧТОВАЯ МАРКА ГЛАЗОВСКОЙ ЗЕМСК. УПРАВЫ. 3 КОПѢЙКИ.

PR : Potchtowaya marka. Glazovskoy ziemsk (oy) ouprawy. 3 kopieyki.

S : *Timbre-poste de l'administration rurale de Glasof 3 kopecks.*

3850	3 kop.	vert bronze et noir.	
3851	3 —	vert jaune pâle et noir.	0.75
3852	3 —	vert jaune foncé et noir.	0.75

IRBIT

(PERM)

Ville de district, au-delà de l'Oural (Asie), sur la route de Werchotourye
à Tobolsk, par laquelle on transporte les marchandises d'Europe en
Asie et vice-versâ. 4.000 habitants. Irbit est connu dès le XVII° siècle,
mais ce n'était alors qu'un bourg insignifiant. Grâce à sa position géographique, il devint bientôt un centre important de commerce entre la
Russie d'Europe et la Sibérie. Ses foires, qui durent quelques semaines,
sont très-remarquables. On y vend et achète des marchandises pour environ 40 à 50 millions de roubles. Les marchands de la Boucharie, les Tartares, les Grecs, les Kalmouks, les Arméniens y affluent de toutes parts. Au
temps de la révolte de Pougatcheff, lorsque toute la partie de l'Empire
était en révolution, Irbit resta fidèle au gouvernement légal; en récom-
pense de cette fidélité de ses citoyens, elle fut érigée en ville de district
en 1775 et on lui accorda en 1776 un écusson représentant un écu divisé
horizontalement en deux parties. Dans celle supérieure, la croix de
Saint-André sur fond d'argent; dans la partie inférieure, une épée et
un caducée en sautoir sur fond rouge. On trouve dans le district d'Irbit
des riches mines de fer et de nombreuses forges.

Émission de ... (antérieure à 1875).

D. Banderoles entourées d'inscriptions
dans un cadre oblong, N. sur C., typ.

L : ИРБИТ. ЗЕМСКАЯ ПОЧТА. — ДВѢ КО-
ПѢЙКИ.

PR : Irbit (skaya) ziemskaya potchta.
— Dwié kopieyki.

S : *Poste rurale d'Irbit. — Deux kopecks.*

3050   2 kop.   rose.

KASIMOF

(RIASAN)

Ville de district sur l'Oka. 12,000 habitants. Très-commerçante, peuplées
en partie par les Tartares qui y ont leurs metchetts. Nombreuses

tanneries. Kassimof portait autrefois le nom de Gorodietz. Elle fut fondée en 1152 par le Prince Youri Dolgorouki. Gorodietz fut donnée en cadeau par Wasili II, au prince tartare Kasimof, fils du Khan Ulu-Machmet et la ville prit bientôt le nom de son propriétaire qu'elle a conservé depuis. Sous le tzar Michel Romanof, Kasimof retourna à la Russie.

Émission de ... (antérieure à 1875).

D. Chiffre dans un double cercle avec inscriptions sur fond de couleur. Le tout en relief. C. sur B.

L : КАСИМОВСКАГО ЗЕМСТВА. 3 к.

PR : Kasimofskaho ziemstwa. 3 k (opieyki).

S : *Du ziemstwo de Kasimof. 3 kopecks.*

4250	3 kop.	bleu pâle.	0.75
4251	3 —	bleu vif.	0.75
4252	3 —	outremer.	0.75

Émission de 1875 (?)

D. Valeur dans un ovale entouré d'inscriptions, C sur B., typ.

L. КАСИМОВ. УѢЗД. ЗЕМСК. УПРАВЫ. МАРКА. 3 к.

PR : Kasimof (skaho) ouyezd (noy) ziemsk (oy) ouprawy. Marka. 3 k (opieyki).

S. *De l'administration rurale du district de Kasimof. Timbre 3 kopecks.*

4253	3 kop.	lilas pâle.	0.75
4254	3 —	lilas vif.	0.75

Certains timbres présentent le mot УѢЗД. sans ponctuation et avec la partie supérieure des deux premières lettres, cassée. Il y a quelques différences aussi dans la composition des inscriptions.

4255	3 kop.	lilas.	1,00

LIWNY

(OREL)

Suite, voir page 48.

Émission de février 1875.

D. Armoiries dans un écu, chiffre dans un ovale aux angles, 
C. sur B.; lithogr. 51 timbres à la feuille sur
6 rangées verticales.

L. : ЛИВЕНСКАЯ ЗЕМСКАЯ ПОЧТА ПЯТЬ КОП.

PR : Liwenskaya ziemskaya potchta, piat
kop(ieyek).

S : *Poste rurale de Liwny. Cinq kopecks.*

5003	5 kop.	bleu vif	1.00
5004	5 —	bleu foncé	0.75
5005	5 —	bleu pâle	0.75

NOVGOROD

(NOVGOROD)

Suite, voir page 56.

Émission de 1875.

D. Même type que les timbres de 1871 et 1872. N'a pas la
valeur dans un ovale; se rapproche sensiblement du type 1871.
40 timbres à la feuille sur 4 rangées verticales. 2 variétés
répétées à chaque ligne horizontale. N sur C. lith.

L., PR. et S. *Voir type 1871.*

Les 2 variétés diffèrent entre elles par les chiffres de la valeur.

5706	5 kop.	noir sur solferino	0.75
5707	5 —	*les 2 variétés*	1.50

OSTROV

(PSKOF)

Ville de district sur la rivière Welikaya. 2,500 habitants. Bâtie sur une île d'où son nom *Ostrov*, signifiant île.

Émission de ... (antérieure à 1875).

D. Armoiries dans un ovale avec inscription; cadre extérieur en losange avec chiffres aux quatre côtés. C. sur B., typ. Chaque timbre séparé est collé, au nombre de 25, sur petite feuille de papier. Imprimé chez M. Charé à Saint-Pétersbourg.

L : островскаго уѣзднаго земства, пять коп.

PR : Ostrovskaho ouyezdnaho ziemstwa, piat' kop (icyck).

S : *Du ziemstwo du district d'Ostrov. Cinq kopecks.*

6060	5 kop.	vert jaune pâle.	1.00
6061	5 —	vert jaune vif.	1.00

PODOLSK

(MOSCOU)

Suite, voir page 68.

Émission de 1875.

D. Type semblable aux timbres de 1871 mais de dimension réduite à 19 sur 25 m/m, au lieu de 21 sur 28. Feuilles de 84 timbres, dont 32 renversés, sur sept rangées horizontales. C. sur B., percés en arc, lithogr.

L., PR. et S : *Voir type précédent.*

6704	5 kop.,	vert, jaune, pâle		0.75
6705	5 —	—	foncé	0.75
6706	5 —	*renversé*		1 50

TABLE ALPHABÉTIQUE

DES

POSTES DE DISTRICT

LISTE ALPHABÉTIQUE DES DISTRICTS

PAR GOUVERNEMENT

AYANT ÉMIS DES TIMBRES AU 30 JUIN 1875.

Perm.

Irbit 100
Ochansk 59
Perm. 67
Schadrinsk. 76

Poltava.

Péréiaslaw. 64
Piriatin 66

Pskoff.

Ostrov 103
Pskoff 69
Toropetz 85

Riazan.

Dankof 27
Jegoriewsk. 37
Kasimof 100
Riazan 69
Sapojok. 74
Skopin 79

Saint Pétersbourg.

Gdoff. 35
Louga 49
Nowaia Ladoga 58
Schlusselbourg 78

Saratoff.

Atkarsk. 9
Saratoff 74

Simbirsk.

Alatyr 6
Syzran 81

Smolensk.

Douchowchtchina 34

Tamboff.

Borisogliebsk 21
Schatzk 77
Tamboff. 82

Tauride.

Berdiansk 10
Dnieprowsk 30
Melitopol 52

Toula.

Krapiwna 48
Toula 87
Tschern. 89

Tschernigoff.

Kozieletz 47

Tver.

Biejetzk 11
Rjeff 72
Tver. 91
Wessiegonsk 95

Viatka.

Glasof 99
Kotelnitch 43
Malmyche 50
Nolinsk. 51

Wladimir.

Péréslaw Zaleski 65

Wologda.

Griazowetz. 36
Kadnikoff 39
Oustsysolsk 61

Woronèse.

Bobrow 19
Bogoutschar 20